As Funções do Agente de Execução

As Funções do Agente de Execução

VIRGÍNIO DA COSTA RIBEIRO

Juiz de Direito
Mestre em Direito

PREFÁCIO
Paulo Pimenta

AS FUNÇÕES
DO AGENTE DE EXECUÇÃO

AUTOR
Virgínio da Costa Ribeiro

EDITOR
EDIÇÕES ALMEDINA, S.A.
Av. Fernão de Magalhães, nº 584. 5º Andar
3000-174 Coimbra
Tel.: 239 851 904 • Fax: 239 851 901
www.almedina.net • editora@almedina.net

DESIGN DE CAPA
FBA.

PRÉ-IMPRESSÃO
G.C. – GRÁFICA DE COIMBRA, LDA.
producao@graficadecoimbra.pt

IMPRESSÃO
PAPELMUNDE, SMG, LDA.
Janeiro de 2011
Depósito legal n.º 321637/11

Apesar do cuidado e rigor colocados na elaboração da presente obra, devem os diplomas legais dela constantes ser sempre objecto de confirmação com as publicações oficiais.
Toda a reprodução desta obra, por fotocópia ou outro qualquer processo, sem prévia autorização escrita do Editor, é ilícita e passível de procedimento judicial contra o infractor.

 GRUPOALMEDINA

BIBLIOTECA NACIONAL DE PORTUGAL – CATALOGAÇÃO NA PUBLICAÇÃO

RIBEIRO, Virgínio da Costa

As funções do agente de execução. - (Monografias)
ISBN 978-972-40-4456-9

CDU   347

PREFÁCIO

O Dr. Virgínio Ribeiro foi meu aluno na licenciatura em Direito da Universidade Portucalense Infante D. Henrique, mais exactamente nas disciplinas de Direito Processual Civil I (processo declarativo) e Direito Processual Civil II (processo executivo). Já então pude perceber o seu espírito empenhado e crítico, sempre preocupado em perceber mais e melhor as matérias leccionadas. Tive conhecimento de que, concluída a licenciatura, ingressou no CEJ e abraçou a judicatura.

Depois de cerca de dez anos sem contacto, reencontrei-o numa acção de formação para magistrados em que participei a convite do CEJ. Foi com muito agrado que fiquei a saber que exercia funções nos Juízos de Execução do Porto.

Desde aí, mantivemos um contacto assíduo, com troca de impressões frequentes acerca de questões processuais cíveis, em especial as atinentes ao processo executivo, ou não fosse o *seu* tribunal uma espécie de laboratório que permitia testar algumas das minhas reflexões acerca do modo como foi (mal) implantada a reforma da acção executiva de 2003.

Percebi, em virtude desses contactos, que o Dr. Virgínio Ribeiro tinha apurado as características que já revelava como aluno, mostrando-se empenhado em estudar mais e em aprofundar os seus conhecimentos.

Sendo juiz, é claro que, desde logo por dever de ofício, o Dr. Virgínio Ribeiro tem de se preparar continuamente para os casos que lhe são distribuídos. Mas não é a esse estudo e a essa preparação que me refiro. Tais estudo e preparação, sendo imprescindíveis, têm sempre o seu quê de limitado, porque balizados pelos processos que, em cada momento, qualquer juiz tem na sua secretária.

O estudo e a preparação que fazem a diferença, que abrem horizontes, que acrescentam substância, que, enfim, impedem que um magistrado (ou um advogado) se limite a ser um *mero* técnico do direito, são os que vão para além das solicitações quotidianas, são os que permitem ascender e ver mais longe, são os que levam a aprimorar quadros mentais e a agilizar raciocínios. No caso de um juiz, esse nível de estudo torná-lo-á melhor julgador, por mais seguro de si, por liberto de preconceitos e por apto a compreender melhor os pontos de vista dos demais intervenientes processuais.

Foi por tudo isto que apoiei o propósito do Dr. Virgínio Ribeiro quanto à frequência do mestrado em Ciências Jurídico-Processuais na Universidade Portucalense. Cumprida a fase lectiva, em que teve uma prestação meritória, pareceu-me natural que tivesse escolhido as *funções do agente de execução* como tema de dissertação.

Tendo sido nomeado co-orientador da dissertação, assumi para mim próprio que não me competia condicionar ou induzir o Dr. Virgínio Ribeiro relativamente às posições que viesse a tomar ao longo do trabalho. É certo que acompanhei a elaboração do texto, mas limitei-me a colocar questões e a suscitar dúvidas, de modo a que as opções tomadas fossem conscientes e amadurecidas. Procurei, isso assim, alertá-lo para que o texto, porque destinado à obtenção de um grau académico, não ficasse demasiado *preso* àquilo com que o Dr. Virgínio Ribeiro se confronta diariamente.

Penso que, sem haver fórmulas perfeitas e definitivas, o trabalho que agora se publica logra alcançar o justo equilíbrio entre, por um lado, aquilo que é uma reflexão crítica e problematizante acerca do paradigma da acção executiva vigente desde 2003 (*dando conta das inúmeras limitações que, indiscutivelmente, tolheram a sua adequada implementação*), acerca do significado das alterações introduzidas em 2008 (*com efeitos em 31/03/2009*) e acerca da figura, das competências e do estatuto do agente de execução (*elemento central do novo paradigma*), e, por outro lado, as questões práticas com que, todos os dias e em cada nova execução, é confrontado o agente de execução.

Nesta segunda vertente, um tanto mais didáctica, o trabalho desenvolve-se por referência às diversas etapas da acção executiva, enfrentando as questões sob o ponto de vista do agente de execução, analisando o que lhe compete fazer, sugerindo condutas, apontando critérios interpretativos, numa palavra, balizando o modo como o agente de execução, não em abstracto, mas em concreto, deverá agir. Tudo isso é ordenado tendo presente a posição relativa do agente de execução no processo executivo, seja face ao juiz de execução, seja face ao exequente e seu mandatário, seja face ao executado e seu mandatário.

Por tudo isso, é minha convicção que o trabalho do Dr. Virgínio Ribeiro cumpre uma função muito relevante e útil nesta fase (ainda) tão conturbada e incerta da (nova) acção executiva em Portugal, podendo contribuir para uniformizar certos procedimentos e para melhorar a prática judiciária.

A concluir, três notas mais.

A primeira, para enaltecer o gosto, a dedicação e o empenho que o Dr. Virgínio Ribeiro sempre mostrou ao longo dos meses em que foi trabalhando, bem assim a disponibilidade com que foi aceitando as minhas advertências, críticas ou sugestões.

A segunda, para deixar público testemunho da minha honra em ter sido co-orientador da dissertação que serviu de base ao texto ora publicado (dissertação que obteve a classificação de 17 valores) e em ter sido convidado para prefaciar este livro, que, estou certo, obterá excelente acolhimento dos profissionais forenses.

A terceira e última nota, tomando como referência a relação estabelecida entre mim e o Dr. Virgínio Ribeiro ao longo do trabalho, para enfatizar que tenho por fundamental o constante diálogo entre os profissionais do foro, na convicção de que a reflexão conjunta e a partilha de perspectivas contribuirão para melhorar a aplicação da justiça nos tribunais.

Porto, Dezembro de 2010
PAULO PIMENTA

NOTA PRÉVIA

O trabalho que agora se publica corresponde, com ligeiras alterações, à dissertação de mestrado em Ciências Jurídico-Processuais que apresentei na Universidade Portucalense Infante D. Henrique, cujas Provas Públicas ocorreram em 13 de Dezembro de 2010, perante o júri constituído pelos Senhores Professores Doutores Mónica Romano e Martinez Leite de Campos (presidente), João Paulo Fernandes Remédio Marques (arguente), Manuel da Costa Andrade (orientador) e Mestre Paulo José Reis Alves Pimenta (co-orientador).

Apesar das alterações legislativas já anunciadas pelo Governo no domínio da acção executiva, afigura-se útil a imediata divulgação do trabalho por via desta publicação, sem prejuízo de em futura edição se proceder aos reajustamentos que forem julgados necessários.

Aproveito a oportunidade para manifestar o meu agradecimento ao Professor Doutor Manuel da Costa Andrade, pelos sábios conselhos que me transmitiu aquando da preparação do trabalho e pela total disponibilidade que sempre revelou, merecendo ainda realce a simpatia e a afabilidade que são timbre da sua pessoa, circunstâncias que, aliadas à elevadíssima qualidade do seu ensino, tornam privilegiados todos quantos consigo contactam.

Agradeço igualmente ao Mestre Paulo Pimenta o permanente acompanhamento que me disponibilizou, ajudando-me na pesquisa dos elementos bibliográficos e incentivando-me na procura das soluções mais adequadas. Já tinha sido seu aluno nas disciplinas de Direito Processual Civil I e II, aquando da licenciatura em Direito, e, mais recentemente, na de Direito Processual Civil (Cautelares, Incidentes e Recursos), da fase curricular de mestrado, leccionadas na Universidade Portucalense Infante D. Henrique e, por essa razão, não me surpreende o reconhecimento público que desde há muito vem sendo feito da qualidade do seu ensino e das suas reflexões, particularmente no domínio da acção executiva.

Finalmente, quero deixar aqui expresso o meu sincero agradecimento à Universidade Portucalense Infante D. Henrique e ao corpo docente do seu Departamento de Direito pela oportunidade que me foi proporcionada de frequentar, com qualidade, primeiro, o seu curso de Direito e, agora, o curso de mestrado. Sem o conhecimento adquirido na referida licenciatura, não teria ingressado no Centro de Estudos Judiciários e não teria abraçado a profissão que hoje exerço e que sempre constituiu uma das principais metas da minha ambição profissional.

INTRODUÇÃO

Sem ter a pretensão de esgotar o tema, este trabalho tem por finalidade analisar as principais implicações decorrentes da introdução no ordenamento jurídico português da figura de Agente de Execução, operada com a reforma da acção executiva publicada pelo Decreto-Lei nº 38/2003, de 8 de Março[1], nomeadamente no que respeita ao seu posicionamento no processo e ao relacionamento com o tribunal e as partes, designadamente com o exequente.

A referida análise ganhou acrescida acuidade com as alterações introduzidas pelo Decreto-Lei nº 226/2008, de 20 de Novembro[2], ao distanciar o Agente de Execução do tribunal e colocando-o na dependência do exequente, permitindo-se a livre substituição daquele por mera vontade deste, desse modo aproximando a respectiva relação da figura do contrato de prestação de serviços de direito privado.

Procuraremos ainda demonstrar que o novo enquadramento produziu um acentuado desequilíbrio no domínio da acção executiva, ao não estabelecer, para a generalidade dos títulos diferentes da sentença judicial ou do

---

[1] Adiante, por mera comodidade de exposição, apenas designada por reforma de 2003.

[2] Que adiante apenas designaremos por alterações de 2008, por também nós entendermos que não se tratou de uma verdadeira reforma (cfr. nesse sentido, Paulo Pimenta, *As Linhas Fundamentais da Acção Executiva*, Revista do CEJ, nº 12, 2º semestre, p. 177), nomeadamente pelo facto de uma parte significativa das alterações agora publicadas apenas explicitar o entendimento da maioria dos Autores que por via interpretativa já as considerava na decorrência da reforma de 2003, designadamente no que respeita aos poderes do agente de execução. A referência a 2008 justifica-se por corresponder ao ano da publicação do diploma, muito embora a maioria das alterações introduzidas apenas seja aplicável aos processos iniciados depois de 30 de Março de 2009.

procedimento de injunção, o prévio controlo com a finalidade de reduzir ao mínimo a possibilidade das chamadas execuções injustas, o que poderia ter sido concretizado através da introdução de despacho liminar e/ou mediante a prévia citação do executado.

Complementarmente, também analisaremos as diversas diligências que, em concreto, o Agente de Execução deverá realizar no decurso do processo executivo, dando especial relevo às que têm sido objecto de maior controvérsia na interpretação dos preceitos legais aplicáveis ou na prática judiciária.

Finalmente, entendemos relevante desde já salientar que, em termos gerais e sem prejuízo das considerações críticas que serão oportunamente efectuadas, nada nos move quanto à opção de fundo que consistiu em desjurisdicionalizar algumas das tarefas no domínio da acção executiva, ou contra os profissionais que foram chamados a executá-las, ainda que, neste particular, acompanhando as pertinentes considerações de Paulo Pimenta[3], se nos afigure que talvez tivesse sido mais aconselhável a criação de uma classe profissional de raiz.

---

[3] *Reflexões Sobre a Nova Acção Executiva*, Sub Judice, nº 29, Outubro/Dezembro 2004, pp. 81-95.

Capítulo I
Considerações Gerais

1. A Necessidade da Reforma da Acção Executiva
Em termos gerais, pensamos poder afirmar que a acção executiva com o modelo público que vigorou até à reforma de 2003, não apresentou anomalias significativas até meados da década de setenta do século passado. O processo era regulado por um forte ritualismo judiciário, com o juiz a marcar a cadência dos actos, sob o impulso processual do exequente. As acções executivas eram poucas e o Estado podia dar-se ao "luxo" de ter os seus juízes ocupados com minudências, praticando uma elevada quantidade de actos que poderiam ser executados por outros profissionais, sem quebra das garantias fundamentais.

Com o advento da liberdade política e o desenvolvimento económico e social, a breve trecho o país começou a emergir da letargia em que se afundara durante largas décadas, e as pessoas e empresas começaram a aspirar a outros modelos de desenvolvimento, que passaram a ser conhecidos da generalidade dos cidadãos.

O modelo económico liberalizou-se e o país desenvolveu-se, aumentando a oferta e a procura de bens de consumo e, naturalmente, os litígios, com a consequente procura da tutela judiciária, circunstância que, dentro em pouco, viria a revelar as insuficiências do sistema ao nível da resposta, impondo a necessidade de uma reforma do processo civil na sua globalidade.

2. As propostas de reforma[4]

O Código de Processo Civil publicado pelo Decreto-Lei nº 44 129, de 28 de Setembro de 1961, manteve-se praticamente inalterado, no que respeita à acção executiva, até meados da década de 90 do século passado limitando-se a reforma introduzida pelo Decreto-Lei nº 242/85, de 9 de Julho, a alterar o artigo 811º, passando a prever no seu nº 3 que, fundando-se a execução em sentença *transitada há não mais de um ano*, a nomeação de bens à penhora seria efectuada logo no requerimento inicial, sendo o executado notificado apenas depois de efectuada a penhora, podendo embargar ou requerer a substituição dos bens penhorados por outros de valor suficiente.

Em 1990, a Comissão de Reforma do Código de Processo Civil presidida pelo Prof. Doutor Antunes Varela, no seu projecto, também não introduziu significativas alterações no processo executivo, limitando-se a propor *adaptações ao processo executivo vigente desde 1939. A Comissão Revisora considerava, deste modo, plenamente satisfatória a tramitação existente.*

Por sua vez, em 1992/93, a Comissão de Elaboração das Linhas Orientadoras da nova legislação processual civil pretendeu efectuar uma remodelação mais profunda e com menos judicialização do processo executivo, revendo e corrigindo "aspectos particularmente arcaicos", desnecessariamente complexos ou tecnicamente pouco elaborados do modelo vigente, realçando-se a necessidade de ser conferida maior eficácia aos momentos decisivos da execução, como sejam a efectivação da penhora e subsequente depósito dos bens penhorados e a realização da venda e modalidades desta, conferindo-se às execuções fundadas em sentença maior simplicidade, celeridade e eficácia, propondo-se a adopção de uma figura similar à execução sumaríssima para pagamento de quantia certa com imediata execução da penhora e só posteriormente permitir a cumulação das oposições à penhora e à execução.

---

[4] Nesta parte, bem como nos números imediatamente subsequentes, seguiremos de muito perto *"A Acção Executiva: Caracterização, Bloqueios e Propostas de Reforma"*, Observatório Permanente da Justiça Portuguesa, Centro de Estudos Sociais da Faculdade de Economia da Universidade de Coimbra (adiante apenas designado por OPJ), Março 2001, pp. 135-154, disponível em http://opj.ces.uc.pt/pdf/1.pdf, fazendo referência apenas aos seus aspectos essenciais, dado as propostas apresentadas neste período não conterem ainda qualquer alusão à atribuição de competências para a prática de diligências de execução a outros profissionais sem dependência ao Ministério da Justiça.

CONSIDERAÇÕES GERAIS

Em 1993 foi procurada a realização de uma reforma intercalar através dos contributos de Armindo Ribeiro Mendes[5] e de Carlos Lopes do Rego[6], o primeiro pugnando pela necessidade de criação de um novo modelo de processo executivo, nomeadamente quanto à penhora de bens móveis, criando-se uma forma de armazenamento dos bens penhorados que implique imediato desapossamento pelo devedor e a necessidade de alterar todo o sistema de venda executiva, eliminando mercados clandestinos e as distorções dele decorrentes, sustentando ainda que a reforma do processo executivo deveria ser acompanhada de uma "alteração substantiva" referente às garantias reais conferidas por legislação avulsa e que não carecem de registo (privilégios creditórios e direito de retenção), bem como de uma reforma do Código de Processo Tributário, de modo a harmonizar a execução cível e a execução fiscal.

Por sua vez, o segundo dos referidos Autores, defendeu a realização de uma reforma do processo executivo de modo a conferir-lhe maior eficácia, propondo soluções relativamente à fisionomia e estrutura geral da acção executiva, aos problemas originados no direito substantivo e também em outros ramos de direito processual, ao título executivo, às partes processuais, às formas de acção executiva, à fase liminar, à oposição à execução, à penhora e oposição à penhora e também à venda executiva.

3. A reforma do Processo Civil de 1995/96

A reforma do processo civil de 1995/96, publicada pelos Decretos-Lei nº 329-A/95, de 12 de Dezembro e 180/96, de 25 de Setembro, constituiu um marco fundamental no domínio da acção executiva, na medida em que, muito embora tenha mantido o modelo exclusivamente público quanto à prática das diligências de execução, introduziu um conjunto significativo de alterações, nomeadamente alargando consideravelmente o número de documentos aos quais foi atribuída força executiva[7], concen-

---

[5] Sub Judice, nº 5, Janeiro/Abril 1993, pp. 27-33.
[6] Sub Judice, nº 5, cit.pp.34-38.
[7] Esta não será, por certo, a razão fundamental para que o número das acções executivas tenha crescido tão significativamente durante a década de noventa do século passado e no decurso da actual, já que as razões de natureza económica terão um contributo mais substancial. Porém, resulta da experiência judiciária que uma parte significativa das acções declarativas não dão lugar a acções executivas, desde logo por razões de improcedência,

trando a tramitação da acção executiva apenas em duas formas de processo – a ordinária, aplicável independentemente do valor do pedido, desde que o título executivo não fosse fundado em decisão judicial, ou ainda, sendo o título uma sentença judicial, esta tivesse condenado o executado no cumprimento de uma obrigação que carecesse de ser liquidada em execução de sentença nos termos do artigo 806º e, a sumária, esta apenas destinada às execuções fundadas em *decisão judicial condenatória* que não carecessem de posterior liquidação diferente do mero cálculo aritmético (artigo 465º). Por outro lado, com a referida reforma, desapareceu a possibilidade de o executado poder agravar do despacho de citação, podendo apenas, após a realização desta, pagar, nomear bens à penhora ou deduzir oposição por meio de embargos (artigos 811º e 812º). No que concerne à nomeação de bens à penhora, no domínio do processo sumário, esta passou a pertencer exclusivamente ao exequente, que a deveria fazer logo no requerimento executivo (artigo 924º).

Estamos em crer ter sido este o momento em que se cometeu o primeiro erro que viria a tornar impraticável o modelo público da acção executiva e que poderá ter contribuído para que a reforma de 2003 não tivesse alcançado os objectivos pretendidos.

E não estamos a reportar esse erro ao alargamento dos títulos executivos, ainda que este deva ser considerado excessivo, tornando-nos no país mais generoso da Europa nesse domínio[8], mas ao facto de esse alargamento não ter sido desde logo acompanhado da alteração das regras da competência territorial e do seu conhecimento oficioso, as quais só viriam a ser modificadas cerca de dez anos depois[9].

Com efeito, era sabido que o aumento do nível de vida dos cidadãos permitia já o acesso considerável a bens de consumo e que o recurso ao crédito se vinha tornando gradualmente mais acessível, sendo desde logo previsível que a quase totalidade dos litígios se iria concentrar nos tribunais do litoral do país e mais concretamente nos de Lisboa e do Porto,

---

mas também pelo facto de o réu já ter sido convencido quanto à bondade da pretensão do autor e, não menos importante, por ser elevada a probabilidade de o cumprimento ocorrer voluntariamente, nos casos em que o litígio termina por transacção.

[8] Cfr. nesse sentido, José Lebre de Freitas, *Penhora e Oposição do Executado*, Revista Themis, Ano V, nº 9, A Reforma da Acção Executiva, Volume II, Almedina, Coimbra, 2004, p. 13.

[9] Com a alteração dos artigos 94º e 110º, através da publicação da Lei nº 14/2006, de 26 de Abril.

como veio a suceder[10], e que estes não dispunham da necessária capacidade de resposta.

Os números avançados pelo OPJ[11] são bem elucidativos a esse respeito. Enquanto no ano de 1970 deram entrada nos tribunais portugueses 23 778 acções executivas, em 1999 foram instauradas 180 281, verificando-se a explosão deste tipo de litigância entre 1992 e 1999.

E assim sendo, orientando-se a regra geral da competência territorial em matéria de execuções para o lugar do cumprimento da obrigação (artigo 94º, nº 1[12]), em face do estatuído no artigo 774º, do Código Civil, tendo a generalidade dos bancos e instituições financeiras de crédito as suas sedes em Lisboa e no Porto, era mais do que previsível, como se referiu, que a esmagadora maioria das acções executivas viria a ser intentada junto destes tribunais.

Num primeiro momento, foi tentada a resolução do problema através da criação das chamadas "centrais de serviço externo", mas rapidamente se concluiu que a manutenção do modelo público impunha um aumento exponencial de funcionários, o que era inviável, até por causa dos apertados critérios orçamentais impostos pela adesão à Moeda Única Europeia.

Acresce que, em nossa opinião, nesse circunstancialismo, não faria qualquer sentido manter o modelo existente, pelo menos na sua vertente exclusivamente pública, praticamente suportado pelos impostos da generalidade dos contribuintes, sabendo-se que a maioria das acções executivas é proveniente de uma minoria de exequentes institucionais, que desde há cerca de três décadas vêm "colonizando" os tribunais situados nos principais centros urbanos.

---

[10] Cfr. OPJ, *A Acção executiva*, 2001, cit. p. 36.
[11] *A Acção Executiva*, 2001, cit. p. 18.
[12] Pertencem ao Código de Processo Civil, na redacção em cada momento analisada, as normas mencionadas sem qualquer outra indicação de proveniência.

Capítulo II
As Dificuldades de Implementação da Reforma de 2003

O facto de o modelo público se ter revelado inadequado, não significa, necessariamente, que se concorde com a forma como foi implementada a reforma de 2003, desde logo por não estarem criadas as condições materiais para a sua realização.

1. A Demora na Instalação dos Juízos de Execução

Desde sempre foi considerada como condição fundamental para o sucesso da reforma da acção executiva, a instalação atempada dos Juízos de Execução e o seu adequado apetrechamento de meios humanos e materiais.

A este respeito afirmou José Lebre de Freitas, em 2004, um ano depois do início de vigência do diploma reformador[13], que, *enquanto o país não estiver coberto por tribunais de execução, continuará a faltar uma condição essencial para que se possa falar da experiência da nova acção executiva* e salientava mais: *para tanto não basta a sua implantação nas cidades de Lisboa e Porto: há também que os implantar fora das grandes cidades.*

Porém, apesar de terem sido criados pelo Decreto-Lei 148/2004, de 21 de Junho[14], apenas dez juízos de execução (três em Lisboa, dois no Porto

---

[13] *O primeiro ano de uma reforma executiva adiada*, Sub Judice, nº 29, cit. pp. 7-10.

[14] Atente-se que, nesta altura, o novo modelo da acção executiva já estava a ser aplicado desde há cerca de nove meses.

e um em cada uma das comarcas de Guimarães, Loures, Maia, Sintra e Oeiras), a verdade é que com a publicação da Portaria nº 1322/2004, de 16 de Outubro, só foram declarados instalados dois Juízos de Execução em Lisboa e um no Porto, vindo os 3º Juízo de Lisboa e 2º Juízo do Porto a ser declarados instalados apenas com a publicação da Portaria nº 822/2005, de 14 de Setembro, com efeitos a partir do dia seguinte.

Posteriormente, pela Portaria nº 262/2006, de 16 de Março, foram declarados instalados os Juízos de Execução de Guimarães e de Oeiras, o primeiro, com efeitos a partir de 20 de Março de 2006 e, o segundo, a partir de 20 de Abril do mesmo ano, vindo o Juízo de Execução da Maia a ser declarado instalado pela Portaria nº 1406/2006, de 18 de Dezembro, com efeitos a partir de 22 do mesmo mês.

O Decreto-Lei nº 35/2006, de 20 de Fevereiro, estabeleceu que as acções executivas pendentes nas comarcas de Guimarães, Loures, Maia, Oeiras e Sintra, instauradas ao abrigo do Decreto-Lei nº 38/2003, passariam para os respectivos Juízos de Execução, logo que instalados.

Com a publicação do Decreto-Lei nº 250/2007, de 29 de Junho, foram criados os Juízos de Execução de Braga, Coimbra, Vila Nova de Gaia, Matosinhos e Leiria[15], recebendo todos eles as acções executivas que se encontravam pendentes nas respectivas comarcas e que haviam sido distribuídas depois de 15 de Setembro de 2003.

Porém, os Juízos de Execução de Lisboa e do Porto, onde a pendência das acções executivas, pelas razões já referidas, assume maior relevância, tendo sido instalados apenas em 16 de Outubro de 2004 receberam, de uma só vez, a totalidade das execuções instauradas depois de 15 de Setembro de 2003 e que se encontravam nas Varas e Juízos Cíveis dessas comarcas.

Não será necessária uma grande dose de imaginação para facilmente se concluir que esses Juízos de Execução ficaram desde logo completamente afundados, não sendo de esquecer ainda todos os problemas decorrentes da primeira opção quanto ao envio por e-mail do requerimento executivo, circunstâncias que levaram a que, em algumas das secções dos Juízos de Execução do Porto[16], a tarefa relacionada com a

---

[15] De todos os juízos de execução criados por este último diploma, que saibamos, apenas se encontra instalado e em funcionamento, o Juízo de Execução de Vila Nova de Gaia.

[16] Realidade que melhor conhecemos.

remessa dos duplicados para os solicitadores de execução na decorrência da notificação prevista no artigo 832º, nº 1, segunda parte, só tenha ficado totalmente regularizada por alturas da Páscoa de 2007.

2. A Escassez de Quadros e de Meios

A escassez de quadros e de meios relevaram-se importantes obstáculos à normal implementação da reforma, dado não haver na carreira de solicitadoria pessoas em quantidade suficiente para assegurar a realização de todas as tarefas próprias dos solicitadores de execução de modo a abranger todo o território nacional, havendo necessidade de, num primeiro momento, atribuir essas funções aos oficiais de justiça e, depois[17], alargar a competência de cada um dos solicitadores de execução a todo o território nacional.

Acresce que, quando os Juízos de Execução começaram a ficar organizados e a ter condições para responder, os solicitadores de execução ainda não tinham[18] instalada a capacidade necessária para receber uma quantidade tão significativa de processos de uma só vez, muito embora fosse desde logo manifesto que alguns deles nunca viriam a ter condições para tramitar um número tão significativo de execuções como o que voluntariamente aceitaram receber.

3. A Inexistência de Depósitos Públicos

A existência de depósitos públicos destinados à recolha dos bens móveis penhorados e à promoção subsequente da sua venda, sempre foi considerada com relevância decisiva para o sucesso da reforma da acção executiva.

A experiência anterior já nos tinha ensinado que a maioria das acções executivas destinadas ao pagamento de dívidas é de reduzido valor[19] e que os respectivos devedores são pessoas de escassos recursos económi-

---

[17] Através da alteração do nº 2 do artigo 808º efectuada, com a publicação da Lei nº 14/2006, de 26 de Abril.

[18] E, em nossa opinião, nem eram obrigados a ter, designadamente por não ser expectável o número de processos que cada um poderia vir a receber.

[19] Segundo os dados do OPJ, A Acção Executiva, 2001, cit. p. 43, no ano de 1999, as execuções de valor igual ou inferior a 250 contos (€ 1 246,99), representavam 66,95% da totalidade das acções executivas instauradas.

cos, dispondo, em regra, apenas dos móveis que integram o recheio da sua habitação, do vencimento mensal, geralmente baixo[20] dado o valor do salário médio português e, eventualmente, de um veículo automóvel.

Assim sendo, a possibilidade de cobrança coerciva das respectivas dívidas está fortemente limitada pela exiguidade do património do devedor, pelo que só a penhora e subsequente apreensão do veículo automóvel ou a ameaça real da remoção dos bens móveis que integram o recheio da habitação do executado poderão levar à satisfação da respectiva dívida.

Não ignoramos que, na maioria dos casos, os bens móveis ou mesmo o veículo automóvel não têm valor de mercado suficiente para pagamento integral da dívida exequenda, até pelo facto de esta, em muitos deles, resultar da respectiva aquisição e os bens terem já sofrido uma desvalorização significativa.

Resulta das experiências até agora realizadas[21] que o executado, em regra, para não ser privado desses bens, pelo vexame social que essa circunstância acarreta e, fundamentalmente, por se tratar de valores pouco significativos, acaba por arranjar o dinheiro necessário para solver a respectiva dívida ou acordar com o exequente uma forma de pagamento prestacional que termina a contento de ambas as partes.

Ora, se os devedores sabem que não há depósitos públicos[22], circunstância que inviabiliza a remoção dos bens móveis, não tendo quaisquer outros que possam ser apreendidos, por certo não farão qualquer esforço com vista ao pagamento do débito, pelo que bem podem os agentes de execução dispersar-se em solicitações relacionadas com a prestação de informações decorrentes do levantamento dos sigilos fiscal e bancário, que o único resultado será o agravamento dos custos da execução e a sobrecarga de trabalho das entidades a quem tais pedidos são dirigidos.

---

[20] Sendo em muitos casos impenhorável, atendendo aos limites mínimos fixados no artigo 824º.

[21] Por regra, sendo disponibilizados meios para a remoção dos bens móveis penhorados, a maioria das diligências tem como resultado a liquidação imediata da dívida exequenda ou a celebração de um acordo para o seu pagamento em prestações, sendo a esse respeito bem elucidativa a experiência ocorrida na comarca de Lisboa ainda antes da vigência do actual modelo de acção executiva.

[22] Apesar de previstos nos artigos 848º e 907º-A e regulamentados pela Portaria nº 941/2003, de 5 de Setembro.

Aliás, não deixaria de ser interessante a realização de um estudo destinado a avaliar da utilidade de todos os pedidos relacionados com o levantamento dos sigilos fiscal e bancário até agora efectuados.

4. A Falta de Formação dos Intervenientes

Salvo honrosas excepções, afigura-se-nos que a maioria dos solicitadores, pelas mais variadas razões, não estava em condições de assumir a tramitação da acção executiva, com a relevância que a reforma lhe pretendeu atribuir, sem o cometimento de lapsos significativos.

Também a maioria dos oficiais de justiça, por falta de adequada formação, não apreendeu suficientemente os traços fundamentais da reforma, continuando a apresentar o processo ao juiz como se as competências deste não tivessem sido substancialmente modificadas pela reforma de 2003.

Neste particular, assume especial relevância a competência atribuída aos oficiais de justiça para análise da conformidade dos títulos executivos e a recusa do requerimento executivo nos casos em que nenhum documento fosse apresentado ou sendo manifesta a insuficiência do título dado à execução.

Dado que sempre reconhecemos a utilidade da existência de uma cadeira de processo executivo que algumas universidades incluem nos seus cursos de direito, na variante de ciências jurídicas, gastando a maior parte do tempo lectivo na análise do título executivo e dos aspectos doutrinais e jurisprudenciais com os mesmos relacionados, desde logo considerámos surrealista a hipótese de os oficiais de justiça, sem qualquer formação adicional, cumprirem a contento a respectiva prescrição legal.

Na prática, acabou por se verificar uma de duas situações: na maioria dos casos, a notificação prevista no artigo 832º, nº 1, primeira parte (remetendo os duplicados ao solicitador de execução), terá sido efectuada sem qualquer análise criteriosa[23], passando as anomalias do título executivo a ser detectadas aquando da apresentação posterior do processo ao juiz para despacho decorrente de uma qualquer questão suscitada pelas par-

---

[23] Esta conclusão resulta do facto de, posteriormente, ter sido detectada uma quantidade muito significativa de processos em que veio a ser proferido despacho de indeferimento por questões relacionadas com a falta ou insuficiência do título executivo.

tes ou pelo agente de execução[24], geralmente para levantamento dos sigilos fiscal e bancário, ou então os oficiais de justiça passaram, sistematicamente, a consultar formal ou informalmente o juiz quanto à validade ou suficiência dos títulos executivos, com a consequente sobrecarga de trabalho para este.

Aliás, não deixa de ser curioso assinalar que a prática posterior à reforma de 2003, contrariamente ao que se propunha, acabou por revelar um processo executivo excessivamente burocratizado, em que os diversos intervenientes praticam uma quantidade significativa de actos que, na maioria das vezes, não traduzem qualquer benefício para a finalidade da execução. Por exemplo, a generalidade dos solicitadores de execução partiu do pressuposto de que, logo no início do processo executivo e sem necessidade de averiguar da sua utilidade, deveria munir-se do levantamento dos sigilos fiscal e bancário, estes com a maior abrangência possível[25], bem como da autorização para a requisição do auxílio da força pública, tudo para "ficar em carteira" e utilizar ao longo do processo.

Essa prática, para além de outras consequências que agora não interessa analisar, acabou por traduzir-se numa sobrecarga de trabalho para o juiz e respectiva secção, a qual, a nosso ver, considerando os quadros fixados para cada um dos juízos de execução, não estava nos planos do legislador. Será que o legislador de 2003 alguma vez imaginou que um juiz de execução viria a ser obrigado a despachar cerca de 100 processos por dia?[26]

É certo que esse caudal de processos não decorre apenas dos pedidos de intervenção dos solicitadores de execução, mas também não é menos certo que estes constituem a sua maioria.

Poder-se-á argumentar que na generalidade dos casos se trata de um mero despacho de expediente e que, por isso, não ocupará grande tempo na jornada de trabalho do juiz. Contudo, quem assim pense, estará por certo a ignorar que a maioria desses processos não foi objecto de um con-

---

[24] Também os solicitadores de execução revelaram pouca sensibilidade para a análise e detecção das deficiências dos títulos executivos, sendo muito raras as situações em que tomaram a iniciativa de questionar o juiz de execução a esse respeito.

[25] Alguns modelos de requerimento apresentados pelos solicitadores de execução contêm mais de 50 entidades a quem pretendem dirigir pedidos de informação.

[26] Cfr. OPJ, *A Acção Executiva em Avaliação, Uma proposta de reforma*, Abril de 2007, *p. 197*, disponível em http://opj.ces.uc.pt/pdf/rel_accao_executiva_cap_IV.pdf.

trolo jurisdicional anterior e que essa é a primeira intervenção do juiz, pelo que este não deverá limitar-se a analisar o requerimento que lhe é apresentado, devendo ainda concluir pela verificação dos pressupostos processuais e pela validade e suficiência do documento dado à execução.

Se o juiz de execução gastar cinco minutos com cada um desses processos[27], para não acrescentar serviço ao dia seguinte, precisará de trabalhar neles pelo menos oito horas. E como também tem de efectuar audiências de julgamento, elaborar os despachos saneadores e proferir as sentenças nos apensos de natureza declarativa[28], actos e diligências que exigem um maior dispêndio de tempo, facilmente se concluirá que a sua jornada de trabalho acaba sempre muito tarde.

5. A Deficiente Interiorização do Novo Paradigma

A reforma pressupunha igualmente a existência de juízes de execução libertos da prática de tarefas burocráticas, ficando com disponibilidade para poder responder prontamente às questões com relevância jurisdicional que lhes fossem colocadas pelo agente de execução ou pelas partes, como sejam as especialmente relacionadas com os incidentes de oposição à execução ou à penhora e de embargos de terceiro.

Porém, a experiência de cerca de seis anos de vigência da reforma da acção executiva veio a demonstrar que muitos dos intervenientes processuais continuou a actuar como se não tivesse havido uma alteração de paradigma, persistindo em concentrar no juiz de execução uma grande parte das solicitações, mesmo as que, por força da reforma, passaram a pertencer em exclusivo ao agente de execução, ainda que sob o controlo do juiz.

Neste particular, estamos em crer que a análise do fracasso da reforma da acção executiva é uma daquelas situações que deveria levar os governantes a concluir que a lei não é tudo e que, por vezes, terá maior êxito uma pequena reforma bem aplicada do que uma grande reforma para a qual não foram criadas as necessárias condições.

---

[27] Sem cuidar agora das dificuldades decorrentes da lentidão do sistema informático.

[28] Oposições à execução e à penhora, embargos de terceiro, reclamações de créditos, procedimentos cautelares, habilitações de herdeiros e de cessionário.

Aliás, pensamos poder afirmar que, no plano prático, o fracasso do novo modelo não terá origem na lei ou na sua interpretação[29], mas, essencialmente, na falta de condições materiais e de organização e, não menos despiciendo, na falta de formação dos respectivos intervenientes, especialmente traduzida na deficiente interiorização de que se trata de um novo paradigma que impõe comportamentos diferentes dos anteriormente praticados.

Em suma: afigura-se-nos ser preciso parar para pensar, avaliar o que não correu bem e corrigir o que for necessário, sendo que todos os contributos nunca serão demasiados, se tiverem um sentido construtivo.

---

[29] Ainda que alguns reparos devam ser feitos quanto a algumas das suas formulações.

Capítulo III
Os Modelos de Acção Executiva

1. Considerações Gerais

Na breve abordagem que efectuaremos sobre os modelos de acção executiva existentes em outros ordenamentos jurídicos, seguiremos muito de perto a análise efectuada por José Lebre de Freitas em *"Os paradigmas da acção* executiva", publicada nos seus *Estudos sobre Direito Civil e Processo Civil*, Coimbra Editora, 2002, pp. 787-803[30].

Seguiremos ainda de perto o trabalho da autoria de Mariana França Gouveia, sob o tema, *O Poder Geral de Controlo*, publicado na revista *Sub Judice* nº 29, Outubro/Dezembro de 2004, pp. 11-21.

E teremos ainda em consideração o estudo sobre o *"Funcionamento da Acção Executiva no Estrangeiro"*, publicado, em 30-01-2001, pela Direcção--Geral da Política de Justiça e que se encontra disponível no seu sítio da Internet em http://www.dgpj.mj.pt.

Em qualquer dos casos, procuraremos pôr em especial evidência a natureza pública ou privada do agente de execução e a participação do juiz nas diversas fases da tramitação da acção executiva ou a sua intervenção apenas em caso de litígio, afigurando-se-nos não haver qualquer utilidade na análise de modelos que excluem toda e qualquer intervenção

---

[30] A referida análise poderá também ser consultada na Revista da Ordem dos Advogados, 2001, II, pp. 543-560 ou ainda em publicação mais recente do referido Autor em *Estudos sobre Direito Civil e Processo Civil*, Volume II, 2ª Edição, Coimbra Editora, 2009, pp. 717-733.

do tribunal, os quais dificilmente poderiam ser aplicados em Portugal, até por incompatibilidade constitucional.

Assim, seguindo o referido critério, afigura-se-nos que anteriormente a 2003, os regimes existentes nos outros países poderiam ser agrupados em quatro modelos, os quais, por facilidade de exposição, aqui classificaremos de público, semi-público, privado e semi-privado.

2. O Modelo Público

O modelo público da acção executiva manifesta-se na tramitação da execução exclusivamente pelo tribunal, atribuindo-se ao juiz a direcção de todo o processo e a competência para determinar a prática da maioria das diligências de execução, estando o cumprimento destas a cargo de funcionários judiciais nomeados e pagos pelo erário público.

Foi este o modelo que vigorou em Portugal até 15 de Setembro de 2003[31] e também em Espanha e na Itália.

3. O Modelo Semi-Público

O modelo existente na Alemanha e na Áustria tem especificidades que, a nosso ver, o afastam de qualquer um dos outros e, por essa razão, decidimos denominá-lo de semi-público, principalmente pela existência de um agente de execução com ampla liberdade quanto à pesquisa de bens do executado e a sua penhora, e ainda pelo facto de o processo ser desjurisdicionalizado quando a execução for baseada em sentença, intervindo o juiz apenas em caso de litígio. Sendo a execução fundada em outro título, o juiz exerce também uma função de controlo prévio, emitindo a fórmula executiva, sem a qual não é desencadeado o processo executivo.

No âmbito do referido modelo, as funções de agente de execução são exercidas por um funcionário judicial, sendo o seu vencimento suportado pelos impostos dos contribuintes, sem prejuízo de os encargos da acção executiva poderem ser pagos pelo executado no caso de lhe terem sido encontrados bens ou, excepcionalmente, pelo exequente, no caso de execução injusta.

---

[31] E continuará a vigorar relativamente às acções executivas entradas antes da referida data e que ainda se encontram pendentes.

O agente de execução é responsável pela investigação dos bens do devedor, cujo resultado deverá comunicar ao credor.

Se, aquando da pesquisa dos bens do devedor, este manifestar oposição, o agente de execução poderá seguir uma de duas vias: procede à penhora, se esse for o único meio que permita uma apreensão efectiva dos bens, ou obtém um mandado de busca emitido pelo tribunal, a requerimento do credor.

Se forem penhorados bens, estes ficarão sob a custódia judicial (dinheiro, valores mobiliários, acções, jóias, etc.) ou então selados e entregues à guarda do executado que deles será nomeado depositário (se os selos forem removidos sem autorização, o executado será condenado pela prática do crime de desobediência). O dinheiro penhorado passa para a titularidade do credor e os bens móveis e imóveis são vendidos em leilão.

Não sendo encontrados bens do devedor, o agente de execução declara tal facto e ao mesmo tempo convoca-o para comparecer em certo local e a certa hora e interroga-o sobre os bens.

No caso de o devedor não comparecer, o agende de execução poderá solicitar a emissão de um mandado de captura.

Se o executado comparecer e declarar que não possui bens (a falsidade da declaração é punível criminalmente), o agente de execução procede à sua inscrição na lista pública de pessoas sem crédito.

4. O Modelo Privado

O paradigma do modelo privado verifica-se na Suécia, em que a competência para a execução pertence a uma entidade de natureza administrativa, denominada Serviço Público de Cobrança Forçada, intervindo o tribunal apenas em caso de litígio, exercendo então uma função de tutela.

5. O Modelo Semi-Privado

O modelo semi-privado caracteriza-se pela atribuição de amplos poderes a um agente de execução, profissional liberal e exclusivamente remunerado pelas próprias partes ainda que com sujeição a tabelas previamente fixadas, mas em que a intervenção do juiz não está limitada à existência de litígio.

É o que se verifica em França, onde os Huissiers de Justice possuem um largo âmbito de actuação, agindo com independência, estando sujeitos somente ao controlo do Procurador da República.

No domínio da acção executiva, o modelo francês distingue diversas formas de processo consoante o bem a penhorar.

Assim, tratando-se de bens móveis, onde se incluem os corpóreos, incorpóreos e os créditos, os procedimentos de penhora são por natureza extrajudiciais e a intervenção do juiz é meramente eventual, sendo neste caso a competência atribuída a um juiz especializado – o juiz de execução.

Neste tipo de execução (extrajudicial), o *huissier* poderá recorrer ao juiz de execução quando entender necessário, nomeadamente quando duvide do carácter lícito da execução, sendo este acesso ao magistrado considerado como um direito do agente de execução, enquanto precursor de uma missão de interesse público.

Por sua vez, a competência do juiz de execução é muito ampla e inclui, nos termos da lei, o conhecimento de dificuldades relativas ao título executivo e a oposições que surjam no momento da execução, mesmo que relativas ao mérito da questão. A intervenção judicial serve, em qualquer um destes casos, para ultrapassar os obstáculos que possam surgir no decurso da execução.

Incidindo a penhora sobre bens imóveis, o respectivo processo correrá os seus termos num tribunal de competência genérica e a intervenção do juiz constitui a regra, dada a gravidade dos problemas que levanta e a frequência dos incidentes que são da competência do juiz.

Nesta forma de processo, o patrocínio judiciário é obrigatório, o que tem como consequência uma diferente repartição dos actos de execução pelo *huissier* e pelo advogado do exequente. Por exemplo, compete ao agente de execução promover a penhora, mas a promoção da venda é tarefa do mandatário.

6. O Modelo Adoptado pela Reforma de 2003

O modelo da acção executiva adoptado pela reforma de 2003, não tem integral correspondência com nenhum dos anteriormente analisados, ainda que se registem algumas aproximações ao modelo francês e a que chamámos de semi-privado.

Por contraposição ao modelo público anteriormente vigente, a referida reforma introduziu no ordenamento jurídico português modificações significativas no que respeita à prática de todas as diligências do processo de execução, incluindo citações, notificações e publicações, com a atribuição da respectiva competência a um grupo profissional designado por solicitador de execução (artigo 808º), externo aos tribunais, sem qualquer vínculo ao Ministério da Justiça e com retribuição do seu trabalho a cargo das próprias partes, com respeito pelos valores fixados em diploma legal[32].

De qualquer modo, impõe-se registar que, nesta primeira fase da reforma, para além de ser atribuído ao juiz de execução o poder geral de controlo (artigo 809º, nº 1) e o solicitador de execução ter sido colocado na sua dependência funcional (artigo 116º, do Estatuto da Câmara dos Solicitadores), no que respeita às execuções baseadas em documentos particulares, só as decorrentes de obrigações pecuniárias de mais baixo valor (inferior à alçada do Tribunal da Relação) não estavam sujeitas a despacho liminar e em qualquer caso, desde que a penhora não recaísse sobre bem imóvel, estabelecimento comercial, direito real menor que sobre eles incidisse ou quinhão em património que os incluísse (artigo 812º-A, nº 1, alínea d)).

A possibilidade de as diligências executivas poderem ser atribuídas a um corpo profissional diferente dos funcionários judiciais contratados e pagos pelo Ministério da Justiça, começou a ganhar corpo no decurso dos trabalhos preparatórios da reforma da acção executiva, sustentando José Lebre de Freitas, no anteprojecto de alterações ao regime da acção executiva elaborado durante a vigência do XIII Governo Constitucional, por referência ao agente de execução francês e alemão, ser a sua criação em Portugal solução preferível à então vigente, por libertar o juiz da direcção efectiva do processo executivo.

Mais tarde, na comunicação efectuada no decurso da conferência sobre a reforma da acção executiva, realizada em 2 e 3 de Fevereiro de 2001 na Faculdade de Direito da Universidade de Lisboa[33], analisando os paradigmas da acção executiva, viria o mesmo ilustre Professor a pôr

---

[32] Inicialmente previstos na Portaria nº 708/2003, de 4 de Agosto, e, actualmente, no artigo 11º, da Portaria nº 331-B/2009, de 30 de Março, e respectivos anexos.

[33] Cujas intervenções estão disponíveis no sítio da Direcção-Geral da Política de Justiça, em http://www.dgpj.mj.pt.

em evidência as cinco diferenças essenciais existentes nos regimes das várias ordens jurídicas, traduzidas no grau de intervenção na execução do tribunal e do juiz, na extensão do título executivo, quanto às formas de processo executivo, na posição dos credores em face da acção executiva alheia, e quanto à descoberta dos bens patrimoniais do devedor.

No âmbito deste trabalho apenas salientaremos as questões relacionadas com a primeira e a última das referidas diferenças, por serem as que directamente se relacionam com o exercício de funções do agente de execução que aqui nos propomos analisar.

Assim, no que respeita ao grau de intervenção do tribunal e ao grau de intervenção do juiz no processo executivo, salienta o mesmo Autor no local e obra citados que, *"o primeiro tem a ver com a medida dos actos executivos praticados fora do tribunal; o segundo respeita à medida dos actos praticados ou supervisionados pelo juiz, de entre aqueles que hão-de ser praticados no tribunal. (...) Pode falar-se de desjudicialização quando o tribunal não tem de intervir e de desjurisdicionalização quando, dentro do tribunal, é dispensada a intervenção do juiz"*[34].

Pela relevância que assume no âmbito da questão que agora analisamos, não resistimos a transcrever mais uma passagem da referida comunicação:

"(...) A jurisdicionalização do processo executivo constituiu, no seu tempo, uma conquista democrática: nele, o juiz apareceu como guardião dos direitos individuais, em intervenção que, mesmo quando o direito tivesse sido já definido na sentença declarativa, se justificava pelo facto de na execução se jogar a garantia da norma jurídica, coagindo à satisfação do direito subjectivo quem a ela voluntariamente se negasse; tratando-se de fazer valer a coacção, o que postula o exercício de poderes de autoridade, a mesma razão que exclui a competência do tribunal arbitral para a execução das suas próprias decisões levou a entregar ao juiz do tribunal do Estado a tutela e o controlo do processo executivo".

E apesar de considerar que razões de ordem prática, decorrentes da massificação das acções por pequenas dívidas, com a consequente submersão dos tribunais e dos juízes, impõem o estabelecimento de distinções, pondera o mesmo Autor que *"...não deve ser rompida a ligação com o tribunal, neste se continuando a gerar, sem soluções de rotura com o regime actual, o processo executivo".*

---

[34] A análise desta questão assume particular relevância, essencialmente para se aquilatar da importância das alterações publicadas pelo Decreto-Lei nº 226/2008, de 20 de Novembro.

Essa ligação, na opinião do referido Autor, torna-se mesmo imprescindível nos casos em que a execução seja baseada em título extrajudicial, nomeadamente em documento particular: "...*o agente de execução não pode partir para a penhora com uma folha de papel assinada pelo devedor nem com uma livrança por ele subscrita, quando uma ou outra podem ter sido assinadas em branco e abusivamente prenchidas. O controlo judicial inicial da execução não é dispensável, não devendo ela ter lugar sem prévio despacho liminar.*"

Partilhando integralmente do entendimento acabado de referir, afigura-se-nos que o legislador não deveria ter dissociado o modelo da acção executiva do prévio controlo da validade ou da suficiência do título executivo. Tendo optado por atribuir a competência para a prática das diligências de execução a entidades externas ao tribunal, para obstar a algumas dúvidas quanto a eventuais inconstitucionalidades, limitando ao mínimo a possibilidade das chamadas execuções injustas, nos casos em que o título não proviesse de sentença ou do procedimento de injunção, impunha-se a existência de despacho liminar ou, no mínimo, a prévia citação do executado.

Pensamos existir um amplo consenso na comunidade jurídica no sentido da necessidade de desjurisdicionalizar muitos dos actos a praticar no domínio da acção executiva, principalmente os relacionados com a penhora e venda dos bens, devendo estes ser simples e rápidos[35].

Porém, também estamos em crer que o sentimento jurídico da comunidade não suportará a ideia de que as pessoas possam ser desapossadas do seu património por actos praticados com a anuência do Estado[36] sem que previamente esteja verificada a garantia de que o exequente está munido de um título executivo com validade conferida pelo ordenamento jurídico[37].

Se previamente estiver assegurada a validade ou a suficiência do título, todas as vicissitudes que possam ocorrer no decurso do processo são passíveis de rectificação sem dano significativo para o executado, o mesmo não se verificando na situação contrária, sendo certo que, em alguns casos, o referido dano poderá ser de difícil reparação.

---

[35] Em termos simbólicos, como quem faz uma viagem no comboio Alfa entre o Porto e Lisboa.

[36] E, se necessário, com o recurso à própria força, através das autoridades policiais.

[37] Também simbolicamente, que a pessoa antes de entrar no comboio Alfa adquiriu nos balcões da CP um título que lhe confere o direito de viajar entre o Porto e Lisboa.

Atente-se que o Tribunal Constitucional, no Acórdão nº 259, de 2 de Maio de 2000, ao pronunciar-se pela constitucionalidade do artigo 1º do Decreto-Lei nº 274/97, de 8 de Outubro[38], não deixou de ter em consideração o facto de estarem em causa dívidas de pequeno valor[39] e a circunstância de o decretamento da penhora estar dependente de despacho judicial, podendo o juiz indeferir liminarmente o requerimento executivo.

E também não será despiciendo salientar que o aludido diploma apenas teria aplicabilidade desde que a penhora recaísse sobre *"bens móveis ou direitos que não tenham sido dados de penhor, com excepção do estabelecimento comercial"*.

Em consequência, na decorrência do modelo resultante das alterações de 2008, com a atribuição da competência para a realização das diligências de execução a um agente externo ao tribunal e na dependência directa do exequente, para que sejam ultrapassadas eventuais inconstitucionalidades, afigura-se-nos imperiosa uma nova intervenção legislativa de modo a reequilibrar a acção executiva, procedendo-se a uma alteração da tramitação da execução que tenha em conta a referida realidade.

Repare-se que o executado com as alterações de 2008 e de uma assentada, perdeu o direito ao juiz e também a um agente de execução protegido contra eventuais investidas de um exequente menos escrupuloso, não sendo de ignorar que, em muitos casos, aquele poderá estar totalmente dependente deste em termos económicos pelo facto de poder ser o seu único fornecedor de trabalho e, por consequência, a sua única fonte de rendimento.

E não se diga que a intervenção do juiz no domínio da acção executiva fica cabalmente assegurada com a atribuição das competências previstas no artigo 809º, designadamente a de se pronunciar sobre as questões que lhe sejam suscitadas pelo agente de execução, pelas partes ou por terceiros intervenientes.

Com efeito, quem conheça a realidade portuguesa sabe que a "intervenção provocada" do juiz não é suficiente para evitar danos que poderão ser significativos e irreversíveis.

---

[38] Apesar do voto de vencido e das pertinentes considerações tecidas na declaração de voto da Exma Conselheira Maria dos Prazeres Pizarro Beleza.

[39] Não superior ao fixado para a alçada do tribunal de primeira instância, ao tempo 500.000$00 (€ 2.493,99).

A acção executiva precisa "dos olhos do juiz", circunstância que só ocorrerá se a tramitação legalmente prevista contemplar a sua intervenção em momentos nucleares, controlando o início do processo, a fase da venda e os pagamentos.

É claro que nem todos os processos requerem o mesmo grau de intervenção do juiz, podendo dispensar-se o despacho liminar nas execuções que tenham por base os títulos judiciais ou de formação judicial, como são as sentenças ou os procedimentos de injunção.

Nestes casos, a probabilidade de o documento dado à execução não conter qualquer vício que afecte a sua validade e tendo em consideração os limites apertados para a dedução de oposição previstos no artigo 814º, permite supor que, na maioria das vezes, a penhora não será um acto agressivo e o executado deverá suportá-la apenas como consequência da situação de incumprimento em que voluntariamente se colocou.

E a intervenção inicial também se nos afigura dispensável nas execuções fundadas em documentos elaborados ou autenticados por notário ou em títulos cambiários (letras, livranças e cheques), sem prejuízo da prévia citação do executado e da imposição ao agente de execução da imediata remessa do processo para despacho liminar no caso de os documentos não preencherem os requisitos legalmente estabelecidos.

No que respeita aos documentos elaborados ou autenticados por notário, não perdendo de vista que, normalmente, estamos em presença de contratos de valor significativo, a citação prévia do executado justifica-se para operar a interpelação que o exequente, em regra, não faz.

Uma vez que estes títulos executivos oferecem uma segurança significativa, também a citação prévia do executado poderia ser dispensada se o exequente, com o requerimento executivo, apresentasse um documento comprovativo da interpelação do executado por meio notificação judicial avulsa, contacto pessoal efectuado por advogado ou solicitador, ou através de carta registada com aviso de recepção remetida para a morada constante do contrato, ainda que recepcionada por terceira pessoa.

Relativamente aos títulos cambiários, a citação prévia do executado justifica-se para obstar ao prosseguimento de execuções baseadas em documentos com assinatura falsificada, permitindo-se que o executado, logo na sua fase inicial, possa suscitar a respectiva falsidade no apenso de oposição.

Nos demais documentos particulares previstos no artigo 46º, nº 1, alínea c), o controlo inicial deveria assumir a dupla função de evitar o prosseguimento de execuções baseadas em documentos que não constituem títulos executivos, circunstância que seria alcançada através do despacho liminar, ou que as execuções fundadas em documentos com assinatura falsificada pudessem chegar à fase da penhora, o que seria evitado com a prévia citação do executado.

De qualquer modo, salvo nas execuções baseadas em sentença ou procedimento de injunção ou ainda naquelas em que fosse invocada a falsidade da assinatura, o recebimento da oposição apenas deveria determinar a suspensão da execução se o executado prestasse caução.

Poder-se-á argumentar que, seguindo-se o entendimento que propugnamos, na maioria das execuções os executados seriam previamente alertados para a existência de um processo judicial em curso e, desse modo, poderiam praticar actos lesivos para o crédito exequendo, ocultando o respectivo património.

Estamos em crer que, tratando-se de um credor diligente, a referida possibilidade é mais potencial do que real, uma vez que, havendo justificado receio de perda da garantia patrimonial, o exequente tem ao seu dispor a dispensa da citação prévia prevista no artigo 812º-F, nº 3 ou o procedimento cautelar de arresto regulado nos artigos 406º e seguintes.

Acresce que o legislador ao relegar para uma fase subsequente à realização da penhora o controlo judicial dos títulos executivos gerados fora dos tribunais e sem ter permitido ao executado suscitar essa intervenção em momento anterior, poderá ter aberto a possibilidade de violação de preceitos fundamentais com relevância constitucional.

Atente-se que no artigo 12º da Declaração Universal dos Direitos do Homem, com a importância que lhe foi atribuída pelo artigo 16º, nº 2, do texto Constitucional, estabeleceu-se que *ninguém sofrerá intromissões arbitrárias na sua vida privada, na sua família, no seu domicílio ou na sua correspondência, nem ataques à sua honra e reputação. Contra tais intromissões ou ataques toda a pessoa tem direito a protecção da lei.*

A penhora efectuada sem prévio controlo judicial, dispensando o despacho liminar e/ou a citação prévia do executado, pelo menos nos títulos executivos resultantes de documentos particulares, poderá constituir uma intromissão arbitrária na vida privada do executado ao legitimar o recurso ao exercício da força por parte do exequente, sem que aquele possa evitar o acto intrusivo[40].

E ainda que se diga que o executado sempre terá a possibilidade de se opor à efectivação da penhora, forçando o agente de execução a suscitar a intervenção do juiz ao solicitar a requisição do auxílio da força pública, podendo este, nessa altura, analisar o título executivo e obstar ao prosseguimento da execução com recurso ao disposto no artigo 820º, essa circunstância só resolverá uma parte do problema, mais precisamente a que se relaciona com os aspectos formais do documento, deixando incólumes as questões de natureza substancial e as que estão dependentes de arguição, as quais só o executado poderá suscitar, sendo que, relativamente a estas, somente a citação prévia, ainda que precedida de despacho liminar, poderá obstar ao acto agressivo.

Neste último caso, como deixámos já salientado, o equilíbrio da acção executiva ficaria melhor assegurado através da citação prévia do executado, uma vez que este poderia deduzir oposição e levar à suspensão da execução através da prestação de caução ou da invocação fundamentada da falsidade da assinatura.

---

[40] Como refere Paula Costa e Silva (*As Garantias do Executado*, Revista Themis, nº 7, A Reforma da Acção Executiva, Almedina, Coimbra, 2003, p. 201), *sendo que a Constituição tutela a inviolabilidade do domicílio, haverá que saber se o procedimento foi conformado em termos que garantem este direito do executado.*

Capítulo IV
A Figura do Agente de Execução

1. A Habilitação para o Exercício do Cargo
O Decreto-Lei nº 88/2003, de 26 de Abril, fixou no artigo 3º da sua parte preambular um regime especial, reconhecendo a plena qualidade profissional a todos os solicitadores regularmente inscritos na Câmara à data da publicação do referido diploma, independentemente de possuírem ou não os requisitos curriculares e académicos exigidos pelo respectivo Estatuto.

Por sua vez, o Estatuto da Câmara dos Solicitadores, publicado pelo aludido diploma, estabeleceu no artigo 117º, como requisitos de inscrição do solicitador de execução, o exercício da profissão de solicitador pelo prazo de três anos efectuado nos últimos cinco, não estar abrangido por qualquer das restrições previstas no artigo 78º, e não ter sido condenado em pena disciplinar superior à de multa enquanto solicitador, tenha sido aprovado nos exames finais do curso de formação de solicitador de execução realizado há menos de cinco anos, tendo sido solicitador de execução, requeira dentro dos cinco anos subsequentes à cessação da inscrição anterior, a sua reinscrição instruída com parecer favorável da secção regional deontológica, e tenha as estruturas e os meios informáticos mínimos, definidos por regulamento aprovado pela assembleia-geral.

Os referidos requisitos de inscrição mantiveram-se inalterados até à publicação do Decreto-Lei nº 226/2008, de 20 de Novembro, passando a prever-se no artigo 117º, na redacção que lhe foi dada por este último

AS FUNCÕES DO AGENTE DE EXECUÇÃO

diploma, o exercício de funções de agente de execução por solicitador ou advogado, sendo solicitador não se encontrar abrangido por qualquer das restrições previstas no artigo 78º, sendo advogado não estar abrangido por qualquer das restrições previstas no artigo 181º do Estatuto da Ordem dos Advogados, não ter sido condenado em pena disciplinar superior à de multa enquanto solicitador ou advogado, tenha concluído, com aproveitamento, o estágio de agente de execução, tendo sido agente de execução, requeira, dentro dos cinco anos posteriores à cessação da inscrição ou registo anterior, a sua reinscrição ou novo registo instruído com parecer favorável da Comissão para a Eficácia das Execuções, tenha as estruturas e os meios informáticos mínimos, definidos por regulamento aprovado pela assembleia-geral, e requeira a inscrição ou registo até três anos após a conclusão do estágio com aproveitamento.

Nas disposições transitórias previstas no artigo 20º, n.ᵒˢ 2 e 3, do referido Decreto-Lei nº 226/2008, estabeleceu-se a conversão automática da inscrição como agente de execução dos solicitadores de execução já inscritos, salvo no que respeita aos advogados igualmente inscritos na respectiva Ordem, caso em que a conversão apenas se verifica *após a apresentação de prova da cessação da suspensão da inscrição como advogado.*

2. Incompatibilidades, Impedimentos e Suspeições

No âmbito dos processos instaurados na vigência da reforma de 2003, aos solicitadores de execução, para além das incompatibilidades gerais inerentes à profissão de solicitador, está vedado o exercício do mandato judicial no processo executivo, o exercício de funções próprias de solicitador de execução por conta da entidade empregadora, no âmbito de contrato de trabalho, o desenvolvimento no seu escritório de outra actividade para além da de solicitadoria, sendo as referidas incompatibilidades extensivas aos respectivos sócios e àqueles com quem o solicitador partilhe escritório.

No concernente aos impedimentos e suspeições, para além dos que são inerentes à respectiva profissão, aos solicitadores de execução é aplicável, com as necessárias adaptações, o regime estabelecido no Código de Processo Civil para os funcionários da secretaria, estando ainda impedidos quando hajam participado na obtenção do título que serve de base à execução ou quando tenham representado judicialmente algumas das

A FIGURA DO AGENTE DE EXECUÇÃO

partes nos últimos dois anos, sendo os referidos impedimentos extensivos aos respectivos sócios e àqueles com quem o solicitador partilhe escritório (cfr. artigos 120º e 121º, do Decreto-Lei nº 88/2003, de 26 de Abril).

Com as alterações de 2008, para além de ligeiras diferenças de redacção[41] e da inclusão dos advogados, não se registam mudanças significativas no que respeita ao regime das incompatibilidades, impedimentos e suspeições do agente de execução (cfr. artigos 120º e 121º do Decreto-Lei nº 88/2002, na redacção que lhe foi dada pelo Decreto-Lei nº 226/2008, de 20 de Novembro).

Analisando as aludidas normas, ainda que de forma sumária, importa reter que o agente de execução estará impedido na acção executiva em que seja parte o próprio ou como representante de outra pessoa, ou quando nela tenha um interesse que lhe permitisse ser parte principal e ainda quando seja parte na causa principal, por si ou como representante de outra pessoa, o seu cônjuge ou a pessoa com quem viva em economia comum, ou algum seu parente ou afim, ou em linha recta ou no segundo grau da linha colateral, ou quando alguma destas pessoas tenha na causa um interesse que lhe permita figurar nela como parte principal (cfr. alíneas a), b) e i) do artigo 122º, aplicável por força do disposto no artigo 125º, nº 2).

O impedimento também se verificará nos casos em que tenha representado judicialmente alguma das partes nos últimos dois anos ou quando haja participado na obtenção do título executivo que serve de base à execução, compreendendo-se neste último caso as acções executivas em que o agente de execução, a título particular ou no âmbito das suas funções de agente de execução ou de advogado ou solicitador, participou activamente na formação do título executivo, preparando o documento ou aconselhando algumas das partes.

Dos actos praticados no exercício das respectivas funções, afigura-se-nos que o aludido impedimento ocorrerá, p. ex., na formação do título executivo previsto no artigo 15º, nº 1, alínea e) do NRAU[42], quando a comunicação ao arrendatário tenha sido feita pelo agente de execução

---

[41] Na redacção de 2003, o exercício das funções de solicitador de execução era incompatível com o "exercício do mandato judicial no processo executivo", ao passo que no diploma de 2008 a incompatibilidade está relacionada com o "exercício do mandato em qualquer execução".

[42] Novo Regime do Arrendamento Urbano, publicado pela Lei nº 6/2006, de 27 de Fevereiro.

designado na respectiva acção executiva, o mesmo se verificando na execução prevista no artigo 860º, nº 3, do Código de Processo Civil.

Finalmente, também importará salientar que os impedimentos a que está sujeito o agente de execução são extensivos aos seus sócios, bem como aos advogados ou solicitadores com o mesmo domicílio profissional.

3. A Designação do Agente de Execução

A designação do agente de execução é feita pelo exequente ou pela secretaria segundo a escala constante da lista informática para o efeito fornecida pela Câmara dos Solicitadores (artigo 811º-A).

Na primeira versão da reforma da acção executiva, o agente de execução poderia ser solicitador de execução ou oficial de justiça[43], estando a designação deste apenas reservada para as execuções por custas e nos casos em que não houvesse solicitador de execução inscrito no círculo judicial ou ocorrendo outra causa de impossibilidade (artigo 808º, n.os 2 e 3).

Após a publicação da Lei nº 14/2006, de 26 de Abril, o disposto no artigo 128º, n.os 1 e 2, do Estatuto da Câmara dos Solicitadores[44], passou a prever a possibilidade de o solicitador de execução delegar a prática de todos os actos do processo em outro solicitador de execução, ficando essa delegação apenas dependente do consentimento do exequente quando a designação tiver sido feita por este, o qual poderá ainda indicar o solicitador de execução a quem pretende ver delegada a competência.

No que concerne à designação do agente de execução, o diploma de 2008, para além de permitir o exercício de funções a advogados, não introduziu alterações de relevo, ainda que tenha acentuado a preferência pela designação do exequente ao substituir a formulação anterior «...solicitador de execução, designado, pelo exequente ou pela secretaria...» (artigo 808º, nº 2), pela actual «O agente de execução é designado pelo exequente...» (artigo 808º, nº 3), verificando-se as alterações mais

---

[43] Neste caso, caberá ao escrivão de direito titular da secção onde correr termos o processo de execução o desempenho das respectivas funções, podendo delegar em outro oficial de justiça da mesma secção. Em qualquer dos casos, a prática dos actos a executar fora das secretarias judiciais competirá às secções de serviço externo (cfr. Portaria nº 946/2003, de 6 de Setembro).

[44] Apenas aplicável aos processos iniciados depois de 1/05/2006.

significativas na parte respeitante à substituição e destituição, que em seguida analisaremos.

O mesmo diploma impôs ainda que, nas acções executivas em que o exequente seja o Estado, as diligências de execução sejam realizadas por oficial de justiça (artigo 808º, nº 5).

E permitiu que as pessoas singulares que intentem acções executivas para cobrança de créditos não resultantes da sua actividade profissional, em alternativa à designação de agente de execução, possam requerer que as respectivas funções sejam exercidas por oficial de justiça, com escolha a efectuar segundo as regras da distribuição, estando esta possibilidade sujeita a uma avaliação e revisão após dois anos de vigência (cfr. artigo 19º, do Decreto-Lei nº 226/2008, de 20 de Novembro).

Também nos casos em que ao exequente foi concedido[45] o benefício do apoio judiciário na modalidade de atribuição de agente de execução, o exercício das respectivas funções compete sempre a um oficial de justiça determinado segundo as regras da distribuição (artigo 35º-A, da Lei nº 34/2004, de 29 de Julho, na redacção que lhe foi dada pela Lei nº 47/2007, de 28 de Agosto).

Aos oficiais de justiça que realizem diligências de execução, não se aplica o estatuto de agente de execução (artigo 808º, nº 13).

4. A Substituição e Destituição do Agente de Execução

Nos processos instaurados até 30/03/2009, fora dos casos decorrentes de morte ou incapacidade definitiva, bem como quando fosse requerida a cessação de funções na especialidade ou tivesse lugar a suspensão por período superior a 10 dias ou a expulsão[46], uma vez designado, o solicitador de execução só poderia ser *destituído* por decisão do juiz de execução, oficiosamente ou a requerimento do exequente, com fundamento em actuação processual dolosa ou negligente ou em violação grave de dever que lhe seja imposto pelo respectivo estatuto (artigo 808º, nº 4).

---

[45] E não apenas requerido, pelo que a acção executiva só deverá ser instaurada depois de proferida a decisão favorável por parte da Segurança Social.

[46] Cfr. artigo 129º, n.ºs 1 e 2, do Estatuto da Câmara dos Solicitadores, aprovado pelo Decreto-Lei nº 88/2003, de 10 de Setembro e alterado pelas Leis n.ºs 49/2004, de 24 de Agosto, e 14/2006, de 26 de Abril.

Chegou a ser questionada a constitucionalidade da referida norma, por se considerar que *"a lei exclui claramente o executado da possibilidade de requerer a destituição do solicitador de execução"*[47].

Afigura-se-nos que a questão tem toda a pertinência, designadamente no sentido de alertar para a circunstância de, no processo executivo, também dever ser observado o princípio da igualdade consagrado no artigo 3º-A.

De qualquer modo, estamos em crer que a aludida exclusão só aparentemente resulta da lei, uma vez que a destituição se impõe ao juiz[48], devendo ser *oficiosamente* decretada, no caso de a actuação processual dolosa ou negligente ou a violação grave dos deveres estatutários prejudicarem o exequente ou o executado.

A nosso ver, a discriminação positiva do exequente explica-se pelo facto de a este serem atribuídos direitos que se justificam pela sua posição processual[49], nomeadamente a ser informado das diligências efectuadas e dos motivos da frustração da penhora[50], os quais, sendo reiteradamente violados, poderão assumir gravidade bastante para conduzir à destituição.

Nos processos instaurados depois de 30/03/2009, mantendo-se os casos relacionados com a morte ou incapacidade definitiva e a cessação de funções[51], o exequente passou a poder substituir livremente o agente de execução, o que significa que não necessita de apresentar qualquer justificação, bastando-lhe a mera comunicação e a indicação do agente de execução substituto, continuando aquele ainda a poder ser destituído pela Comissão Para a Eficácia das Execuções, com fundamento em actuação dolosa ou negligente ou em violação grave de dever que lhe seja imposto

---

[47] Reforma da Acção Executiva – Boas Práticas – Uma iniciativa do Centro de Estudos Judiciários, da Ordem dos Advogados, da Câmara dos Solicitadores, do Centro de Formação dos Oficiais de Justiça e do Gabinete de Política Legislativa e Planeamento do Ministério da Justiça, com a colaboração do Conselho Superior da Magistratura e do Conselho Superior do Ministério Público, p. 31.

[48] Nos processos instaurados até 30/03/2009.

[49] Não poderá ignorar-se que a acção executiva tem como exclusiva finalidade a satisfação do direito titulado pelo exequente.

[50] Nos termos previstos no artigo 837º.

[51] Agora também regulamentados no artigo 8º da Portaria nº 331-B/2009, de 30 de Março.

pelo respectivo estatuto[52], a requerimento do exequente ou do executado ou por comunicação do próprio tribunal.

5. O Poder Geral de Controlo

Durante a primeira fase da reforma, que vigorou entre 15 de Setembro de 2003 e 30 de Março de 2009, o processo executivo manteve-se na secretaria judicial e o agente de execução sujeito ao poder geral de controlo do juiz (artigo 809º).

Neste contexto, chegou a sustentar-se que o poder geral de controlo previsto no artigo 809º, não significava necessariamente a atribuição ao juiz do poder de direcção do processo.

Estamos em crer que a questão não deverá ser colocada nos mesmos moldes em que a sua formulação aparece no domínio do processo declarativo, nomeadamente para afirmar a existência de um concreto poder de direcção.

O que o processo executivo na sua nova configuração claramente acentua é, por um lado, a atribuição de competências próprias ao agente de execução e, por outro, a circunstância de o juiz só dever interferir nos actos praticados por aquele, exercendo o seu poder de controlo, nos casos em que os mesmos não se adéquem com a legalidade estabelecida[53].

Dito de outro modo: as funções do agente de execução são modeladas pela lei, estando o mesmo obrigado a praticar as diligências do processo de execução com estrita observância do que a esse respeito está estipulado no Código de Processo Civil[54].

---

[52] Cfr. artigo 808º, n.ᵒˢ 6 e 7 e artigos 7º a 9º da Portaria nº 331-B/2008, de 30 de Março.

[53] Como salienta Carlos Lopes do Rego (Papel e Estatuto dos Intervenientes no Processo Executivo, Lex, Lisboa, 2003, p. 9), *no que se refere ao juiz, a moderada "desjudicialização" operada na tramitação do processo executivo implicou a tipificação das intervenções judiciais, cabendo-lhe (...) exercício de um poder geral de controlo (difuso) do processo – como reflexo de, no esquema processual adoptado, a execução continuar a ser sempre perspectivada como um processo de natureza jurisdicional – que lhe permitirá sindicar a actuação de todos os intervenientes processuais, reconduzindo-a, sempre que necessário, à prossecução dos fins do processo e da correcta administração da justiça.*

[54] Neste contexto, como refere Miguel Teixeira de Sousa (*Aspectos gerais da Reforma da acção executiva*, Cadernos de Direito Privado, nº 4, Outubro/Dezembro 2003, p. 7), *a circunstância de os actos de execução deixarem de ser realizados por um órgão jurisdicional e passarem a ser da competência do agente de execução não significa que a Reforma da acção executiva tenha dispensado o poder de execução do Estado e tenha "privatizado" a execução. A actividade de execução, no sentido de*

AS FUNÇÕES DO AGENTE DE EXECUÇÃO

Com as alterações de 2008, operou-se uma mudança radical no processamento da acção executiva, retirando-se ao juiz o poder geral de controlo e fixando-se as situações em que este deverá intervir no processo, deixando de existir processo físico na secretaria judicial nos casos em que a respectiva tramitação seja efectuada electronicamente nos termos do artigo 138º-A (artigo 801º, nº 2), devendo o requerimento executivo e os documentos que o acompanham ser apresentados no tribunal preferencialmente por via electrónica[55] e enviados ao agente de execução pelo mesmo meio, não havendo lugar à autuação da execução (artigo 810º, nº 7).

Nesta situação, pensamos não haver qualquer dúvida de que o juiz não tem o poder de direcção do processo executivo, intervindo apenas nos casos tipificados, cabendo ao agente de execução a condução do mesmo, desde o início e até ao seu termo.

Porém, essa circunstância não legitima a afirmação de que, agora, o juiz não poderá questionar o agente de execução fora dos casos em que está prevista a sua intervenção, uma vez que, como claramente ficou exarado no preâmbulo do citado Decreto-Lei nº 226/2008, *"o papel do agente de execução é reforçado, sem prejuízo de um efectivo controlo judicial"*.

De facto, convém não esquecer que o processo executivo continua a ter natureza judicial, já que o legislador não o retirou dos tribunais, sendo por estes que continua a passar, ainda que electronicamente, o registo de todos os actos com relevância para a tramitação da acção executiva. Por isso, sem prejuízo das concretas funções atribuídas a outros intervenien-

---

actividade de penhora, apreensão e venda de bens, não é uma actividade jurisdicional e, por isso, ela pode ser realizada por órgãos não jurisdicionais (como é o caso do agente de execução), mas essa actividade não pode dispensar o ius imperii na prática desses actos de penhora, de desapossamento e de alienação (...) "Desjudicialização" significa apenas atribuição de funções executivas a órgãos não jurisdicionais, pelo que a acção executiva não deixa de ser um processo jurisdicional e de pertencer ao domínio do direito público e, em especial, do direito processual civil.

[55] Como adiante analisaremos, o legislador continuou a permitir que a entrega do requerimento executivo e respectivos documentos possa ser feita em suporte de papel directamente na secretaria judicial, sem qualquer sanção para as partes que não constituam mandatário judicial, e com obrigação de pagamento imediato de uma multa para os demais, salvo alegação e prova de justo impedimento (artigo 810º, nº 11 e artigo 3º da Portaria nº 331-B/2009, de 30 de Março).

46

tes, sempre competiria ao juiz providenciar, mesmo oficiosamente, pelo *normal prosseguimento da acção*, até por aplicação do disposto no artigo 265º.

Em nossa modesta opinião, esta questão não deve ser vista na perspectiva de um qualquer poder de direcção, que não existe, mas antes na atribuição de competências repartidas, cabendo ao agente de execução a maioria delas.

De qualquer modo, não poderá olvidar-se que aos tribunais compete, nos termos do artigo 202º, nº 2, da Constituição, para além da função de dirimir litígios, também a de assegurar a defesa dos direitos e interesses legalmente protegidos dos cidadãos e reprimir a violação da legalidade democrática, pelo que o juiz deverá verificar a regularidade das diligências de execução, designadamente daquelas que possam contender com interesses fundamentais das partes[56].

Com efeito, consideramos impensável que o juiz acedesse ao pedido de requisição do auxílio da força pública com vista a entrega do locado sem previamente verificar a regularidade da citação do executado[57], determinando a repetição do acto no caso de existirem irregularidades (artigo 483º, aplicável por força do disposto no artigo 466º), ou que aceitasse designar data para a realização da venda de imóvel ou de estabelecimento comercial por meio de propostas em carta fechada sem poder sindicar os actos anteriormente praticados, nomeadamente aqueles que têm implicação directa com interesses fundamentais das partes ou de terceiros e que pela sua relevância poderão levar à anulação da execução ou da venda (artigos 908º, 909º e 921º).

Em síntese conclusiva, concordando com Miguel Teixeira de Sousa[58], salientar-se-á que "o *controlo oficioso não parece possível quanto aos actos que*

---

[56] A este respeito, concordando-se com Miguel Teixeira de Sousa (Aspectos gerais da Reforma da acção executiva, Cadernos de Direito Privado, nº 4, cit. p. 9), *há que distinguir entre os actos que estão submetidos a certos parâmetros legais daqueles actos que o agente de execução pode praticar segundo critérios de discricionariedade. Quanto aos primeiros, parece certo que o solicitador de execução não tem qualquer competência reservada e que o juiz de execução pode revogar ou substituir esses actos (...). Em contrapartida, esse controlo oficioso não parece possível quanto aos actos que cabem na discricionariedade do agente de execução.*

[57] E de se assegurar que o prazo previsto para a dedução de oposição à execução se mostra ultrapassado.

[58] Aspectos gerais da Reforma da acção executiva, Cadernos de Direito Privado, nº 4, cit. p. 9.

cabem na discricionariedade do agente de execução, devendo *incidir apenas sobre os actos cujo conteúdo esteja submetido a critérios de legalidade".*

6. A Aproximação ao Contrato de Prestação de Serviços de Direito Privado

Uma questão que importa analisar, e que assume particular relevância após as alterações de 2008, tem que ver com a circunstância de as alterações introduzidas poderem traduzir a existência de um contrato de prestação de serviços de direito privado entre o exequente e o agente de execução, pelo menos nas execuções em que este aparece na acção executiva por designação daquele.

Essa circunstância decorre essencialmente da revogação do artigo 116º do Estatuto da Câmara dos Solicitadores, na parte em que colocava o solicitador de execução na dependência funcional do juiz, e da parte do artigo 809º que atribuía ao juiz o poder geral de controlo e ainda da possibilidade de o exequente poder livremente substituir o agente de execução, prevista na nova redacção do artigo 808º, nº 6.

De acordo com a noção constante do artigo 1154º, do Código Civil, *contrato de prestação de serviços é aquele em que uma das partes se obriga a proporcionar à outra certo resultado do seu trabalho intelectual ou manual, com ou sem retribuição*, logo se esclarecendo no artigo 1155º, do aludido diploma, que *o mandato, o depósito e a empreitada, regulada nos capítulos subsequentes, são modalidades do contrato de prestação de serviços.*

Por sua vez, o mandato encontra-se definido no artigo 1157º, do citado diploma como *o contrato pelo qual uma das partes se obriga a praticar um ou mais actos jurídicos por conta da outra*, estabelecendo-se no artigo 1156º do mesmo diploma que *as disposições sobre o mandato são extensivas, com as necessárias adaptações, às modalidades do contrato de prestação de serviços que a lei não regule especialmente.*

Analisando a figura do agente de execução, no âmbito do modelo que vigorou entre Setembro de 2003 e Março de 2009, José Lebre de Freitas[59] questionava-se: *"Quem é este senhor que, semelhantemente ao que já*

---

[59] O Agente de Execução e Poder Jurisdicional, Themis, 7, cit. p. 26.

acontece no processo de falência, assim irrompe com tantos poderes na nova acção executiva?", para logo de imediato responder: *"É um solicitador recrutado em concurso, preparado para o exercício da função de solicitador de execução e inscrito em comarca do círculo judicial (preferindo a da execução e suas limítrofes), ou um oficial de justiça, mas este só na falta de solicitador de execução ou quando se trate de execução por custas (art. 808º, n.ºs 2 e 3).*

No confronto entre o solicitador de execução e o oficial de justiça concluía o mesmo Autor que *"Dir-se-ia que, no primeiro caso nos encontramos perante um contrato de prestação de serviços de direito privado, semelhante ao estabelecido entre a parte e o mandatário judicial, tendo em conta que é o exequente quem paga os serviços do solicitador (embora no final eles entrem em regra de custas: art. 455º); mas o exequente não tem o poder de denunciar o contrato, só o juiz podendo destituir o solicitador designado, por actuação processual dolosa ou negligente ou violação grave do dever imposto pelo respectivo estatuto (art. 808º- -4) o que o descaracteriza como figura de direito privado".*

Temos assim que, na opinião do referido Autor, com a qual manifestamos a nossa total concordância, o contrato de prestação de serviços que decorria do exercício das referidas funções, no âmbito da reforma de 2003, só não o caracterizava como figura de direito privado pela falta de poder do exequente para, livremente, substituir o solicitador de execução e pelo facto de este se encontrar na dependência funcional do juiz.

Ora, com as alterações de 2008, retirando-se ao juiz de execução o poder geral de controlo[60] e a exclusividade para a destituição fundamentada do agente de execução e permitindo-se agora que o mesmo possa ser livremente substituído pelo exequente, sem que este tenha que justificar qualquer violação do respectivo exercício, não vemos qualquer razão para não integrar a relação existente entre o exequente e o agente

---

[60] E deixando o agente de execução de estar na sua dependência funcional (cfr. artigo 116º, do Estatuto da Câmara dos Solicitadores, na redacção que lhe foi dada pelo Decreto-Lei nº 226/2008, de 20 de Novembro).

de execução no âmbito do contrato de prestação de serviços de direito privado, tal como este se encontra regulado no nosso direito civil[61-62-63].

Poder-se-á argumentar, em sentido contrário, que a referida relação não poderá ser integrada no contrato de prestação de serviços regulado pelo direito civil pelo facto de o agente de execução estar investido em funções de natureza pública, enquadrado em organismo investido de autoridade pública e sujeito a um conjunto de regras deontológicas impostas pelo seu estatuto profissional.

Com todo o respeito por diferente entendimento, afigura-se-nos que as referidas circunstâncias não serão suficientes para afastar a natureza privada do contrato de prestação de serviços.

Com efeito, desde há algum tempo que vimos assistindo à transferência da prática de tarefas públicas para entidades privadas[64], sendo disso exemplo a última reforma do notariado, salientando-se no artigo 1º, nº 2, do Decreto-Lei nº 26/2004, de 4 de Fevereiro, que *o notário é, simultaneamente, um oficial público que confere autenticidade aos documentos e assegura o seu arquivamento e um profissional liberal que actua de forma independente, imparcial e por livre escolha dos interessados.*

---

[61] Para Armindo Ribeiro Mendes, com as alterações de 2008, *acentuou-se a vertente do mandato atribuído ao agente de execução pelo exequente quando se passou a dispor que o exequente pode destituir livremente este último* (cfr. http://www.stj.pt/nsrepo/cont/Coloquios/Discursos/Armindo%20 Ribeiro%20Mendes.pdf).

[62] Cfr. ainda José Alves de Brito (*Inovações introduzidas ao estatuto do agente de execução pelo DL nº 226/2008, de 20/11 (simplificação da acção executiva)*, sustentando que *o afastamento da regra da destituição judicial sugere agora fortemente a qualificação do vínculo como mandato (art. 1170º do CC) e, em particular, como um mandato sem representação, em que o mandatário/agente de execução age em nome próprio conquanto por contra de outrem (art. 1180º do CC)*. Em outra parte do mesmo texto, principalmente com base no exercício de poderes de autoridade, o mesmo Autor adianta a hipótese de se tratar de "um novo auxiliar da justiça" (cfr. http://www.dgpj. mj.pt/sections/politica-legislativa/anexos/legislacao-da-justica/anexos/317/downloadFile/ file/317.pdf?nocache=1254844129.57).

[63] Igualmente José Lebre de Freitas (*A Acção Executiva Depois da Reforma da Reforma*, 5ª edição, Coimbra Editora, 2009, p. 27, nota 59), considera que *o direito de livre destituição do agente de execução pelo exequente ameaça descaracterizar a natureza mista do primeiro, acentuando desequilibradamente as características dum contrato de mandato, para mais oferecendo a especialidade da exclusiva concessão ao mandante do direito de revogação (cf. art. 1170 CC).*

[64] Para maiores desenvolvimentos sobre a privatização no âmbito da execução de tarefas públicas, cfr. Pedro António Pimenta da Costa Gonçalves, *Entidades Privadas com Poderes Públicos, O Exercício dos Poderes Públicos de Autoridade Por Entidades Privadas com Funções Administrativas*, Almedina, Coimbra, 2005, pp. 321-419.

A FIGURA DO AGENTE DE EXECUÇÃO

Porém, apesar da referida dupla condição e do facto de *os notários estarem na dependência do Ministério da Justiça em tudo o que diga respeito à fiscalização e disciplina da actividade notarial enquanto revestida de fé pública e à Ordem dos Notários, que concentrará a sua acção na esfera deontológica dos notários*[65], na sua relação com os utentes, não vislumbramos qualquer razão para não integrar a respectiva actividade no âmbito do contrato de prestação de serviços de direito privado.

E também os advogados e solicitadores, para além da necessária habilitação académica, estão sujeitos à prestação de provas para o ingresso na profissão; só poderão exercer depois de inscritos na respectiva associação profissional; no exercício da profissão estão sujeitos aos deveres deontológicos impostos pelo seu estatuto e na actividade forense estão obrigados a observar as normas legalmente estabelecidas.

No entanto, as referidas razões não descaracterizam o contrato de prestação de serviços de direito privado que os mesmos estabelecem com terceiros no âmbito do patrocínio forense e nem a circunstância de na Lei Orgânica dos Tribunais (artigos 114º e 115º) serem classificados como auxiliares na administração da justiça afasta essa qualificação.

Mais se poderia alegar, em sentido contrário ao que vimos propugnando que, não estando expressamente prevista a possibilidade de o agente de execução poder revogar o mandato, sendo esta uma das características deste contrato (artigo 1170º, do Código Civil), a relação estabelecida entre o exequente e o agente de execução não poderia integrar a figura do contrato de prestação de serviços de direito privado.

Contudo, essa argumentação não resistirá a uma análise mais pormenorizada do estatuto profissional do agente de execução, sendo de salientar que o mesmo desde sempre teve a possibilidade de recusar a designação efectuada pelo exequente, ficando a mesma sem efeito (artigo 810º, nº 6).

Acresce que a partir da publicação da Lei nº 14/2006, de 26 de Abril, com a alteração do artigo 128º do Estatuto da Câmara dos Solicitadores o, então, solicitador de execução, passou a poder delegar a totalidade do processo em outro solicitador de execução, estando essa delegação apenas condicionada à aceitação do exequente, quando a designação tenha sido feita por este, o qual poderá indicar o solicitador de execução a quem

---

[65] Cfr. preâmbulo do referido diploma.

pretende ver delegada a competência, mantendo-se inalterada a redacção do referido normativo.

A esse propósito importará ainda não esquecer que o contrato de prestação de serviços não se encontra exaustivamente regulado no nosso direito civil, limitando-se o artigo 1156º, do Código Civil, a mandar aplicar as disposições sobre o mandato, *com as necessárias adaptações, às modalidades do contrato de prestação de serviços que a lei não regule especialmente.*

Em anotação ao normativo acabado de citar, salientam Pires de Lima e Antunes Varela[66] que *"aos serviços prestados no exercício das artes e profissões liberais também não faz referência o Código Civil, ficando esses serviços sujeitos, em princípio, ao regime do mandato. Deve, no entanto, notar-se que muitas das artes ou profissões liberais têm hoje um estatuto ou regulamentação própria, que se sobrepõe ao regime do mandato (cfr., quanto aos advogados e solicitadores, o Estatuto Judiciário; quanto aos médicos, o Estatuto da respectiva Ordem (...) e, quanto aos engenheiros, o Estatuto da Ordem (...)".*

No entanto, apesar de as referidas profissões serem reguladas por um estatuto em que as suas disposições poderão parcialmente sobrepor-se às regras do mandato, não vemos que alguma vez, no exercício liberal da profissão, tenham sido afastadas as regras do contrato de prestação de serviços de direito privado, a não ser que a respectiva relação possa ser caracterizada como de trabalho subordinado[67].

No caso de que nos ocupamos, o agente de execução, salvaguardada a autonomia técnica, muito embora tenha a sua actividade regulada pela lei, em alguns casos está também obrigado a observar as instruções do exequente sem poder manifestar a sua discordância.

Assim acontece, p. ex., quando o exequente procedeu à identificação de bens no requerimento executivo, caso em que o agente de execução está obrigado a efectuar a penhora desses bens desde que os mesmos integrem a previsão das alíneas a) a d) do nº 1 do artigo 834º e sejam de valor previsivelmente igual ou superior ao crédito exequendo acrescido das custas previsíveis da execução.

E o mesmo se verifica quando, não tendo sido indicados bens no requerimento executivo, o agente de execução proceda às consultas previstas

---

[66] Código Civil Anotado, II Volume, 3ª edição, Coimbra Editora, 1986, p. 705.

[67] Veja-se o que a este respeito se decidiu no acórdão do Supremo Tribunal de Justiça de 27/11/2007 (Bravo Serra) disponível em http://www.dgsi.pt, adiante apenas designada por base de dados do ITIJ).

no artigo 833º-A e encontre bens imóveis ou móveis não sujeitos a registo pertencentes ao executado, caso em que o exequente pode declarar que não pretende a penhora desses bens, estando o agente de execução obrigado a aceitar essa decisão (artigo 833º, nº 2, alínea a)).

Também quanto ao depositário dos bens penhorados, este só poderá ser pessoa diferente do agente de execução se o exequente manifestar o seu consentimento, circunstância que não se verifica nos casos em que as diligências de execução sejam realizadas por oficial de justiça.

Aliás, exemplo paradigmático do que vimos afirmando resulta da alteração ao disposto no artigo 847º, nº 1, na redacção decorrente das alterações de 2008, na medida em que responsabilizou o exequente pela inércia do agente de execução, ao permitir que o executado possa requerer o levantamento da penhora se não tiverem sido realizadas diligências de execução nos seis meses anteriores, salvo se essa inactividade resultar de acção ou omissão da sua parte, enquanto na redacção anterior o levantamento da penhora nessas circunstâncias apenas poderia derivar da negligência do exequente.

É certo que também existem outras disposições que afastam a possibilidade de o exequente poder impor a sua vontade, estando o agente de execução apenas obrigado a observar o que a esse respeito se encontrar legalmente estabelecido, mas também não é menos certo que, se assim não fosse, não estaríamos aqui a tecer considerações sobre a reforma da acção executiva, a não ser que a Constituição tivesse sido radicalmente modificada.

De qualquer modo, como salienta Maria Olinda Garcia[68], *o exequente tem, assim, um envolvimento directo na concreta eleição e manutenção do solicitador, cuja actuação se pautará, dentro dos parâmetros legais, pela satisfação do interesse do exequente.*

E assim sendo, em nossa opinião, aquela eleição e este interesse, agora conjugados com a livre substituição, deverão ser considerados suficientes para caracterizar a respectiva relação como de prestação de serviços de direito privado.

Em síntese, concluir-se-á que, nas execuções instauradas após as alterações de 2008, se o agente de execução pode aparecer na acção exe-

---

[68] *A Responsabilidade do Exequente e de Outros Intervenientes Processuais – Breves Considerações*, Coimbra Editora, 2004, p. 20.

cutiva por escolha do exequente (artigos 808º, nº 3 e 810º, nº 12) e se este, por decisão unilateral e sem necessidade de invocar qualquer violação estatutária, pode livremente substitui-lo (artigo 808º, nº 6), apenas com perda do montante provisionado se a substituição ocorrer até à penhora (artigo 15º, n.ᵒˢ 1, alínea a), 2, alínea a) e 5, alínea a), da Portaria nº 331--B/2009, de 30 de Março), concluir-se-á pela existência de um contrato de prestação de serviços de direito privado, ainda que na respectiva execução devam ser observadas maioritariamente regras de natureza pública.

7. A Relevância no Âmbito da Prescrição

Uma outra circunstância que deverá ainda ser considerada em razão da aludida relação de mandato prende-se com a interrupção do prazo de prescrição, nos casos em que a citação não é efectuada nos cinco dias subsequentes à instauração da acção executiva, nos termos do artigo 323º, nº 2, do Código Civil.

Em face do referido normativo, não sendo a citação efectuada por causa não imputável ao requerente, tem-se a prescrição por interrompida logo que decorra o prazo de cinco dias.

Aquela interrupção justifica-se pelo facto de não poder ser imputada ao requerente a eventual inércia das secretarias judiciais, na maioria das vezes impossibilitadas de cumprir o expediente dentro dos prazos legais devido ao elevado volume de trabalho que lhes está distribuído.

Acresce que o requerente, atendendo às regras da distribuição e da competência em razão do território, não tem a possibilidade de escolher uma secretaria judicial com menor quantidade de serviço para poder garantir a realização da citação dentro do aludido prazo de cinco dias.

Porém, nas execuções instauradas depois de 30 de Março de 2009, nos casos em que o agente de execução aparece na acção executiva através da designação do exequente, se a citação não for efectuada nos cinco dias[69] subsequentes à respectiva distribuição[70], poder-se-á equacionar

---

[69] Se a citação apenas dever ser efectuada depois da penhora, afigura-se-nos que o referido prazo só deverá contar-se depois de decorrido o prazo de 10 dias previsto no artigo 808º, nº 12, eventualmente acrescido de mais cinco dias se houver necessidade de proceder a diligências prévias nos termos dos artigos 832º e 833º-A, nº 2.

[70] O exequente poderá requerer a citação urgente, nos termos do artigo 478º, nº 1, caso em que a mesma será efectuada antes da distribuição.

A FIGURA DO AGENTE DE EXECUÇÃO

a possibilidade de verificação da prescrição, a não ser que o exequente demonstre que, ainda assim, esse facto não lhe é imputável.

Com efeito, enquanto na prática judiciária anterior era possível sustentar que, não sendo a citação efectuada nos cinco dias subsequentes à distribuição por razões decorrentes da orgânica judiciária ou de índole processual, o prazo prescricional se tinha por interrompido[71], agora, depois das alterações de 2008, em nossa opinião, o exequente também deverá demonstrar que cumpriu todos os deveres de diligência quanto ao agente de execução.

É claro que esta última circunstância pressupõe a existência na respectiva comarca de agentes de execução em quantidade suficiente para que possa afirmar-se uma efectiva liberdade de escolha.

E também se nos afigura que o prazo prescricional deverá ter-se por interrompido, nos termos previstos no artigo 323º, nº 2, do Código Civil, se o agente de execução tentou a citação do executado na morada conhecida do exequente e não logrou concretizá-la por causa que seja imputável àquele.

8. A Responsabilidade pelos Actos do Agente de Execução[72]

Se a relação entre o exequente e o agente de execução traduz a existência de um contrato de prestação de serviços de direito privado, nos termos supra referidos, poder-se-á concluir que, para além da eventual responsabilidade deste para com aquele, que em seguida analisaremos, poderão ambos responder solidariamente para com terceiros lesados por actos praticados pelo segundo no exercício das suas funções.

Configuremos a hipótese de o exequente ter intentado uma acção executiva com base em documento particular, nos termos do artigo 46º, nº 1, alínea c), pretendendo do executado o pagamento de uma determinada quantia e logo no requerimento executivo ter indicado à penhora um veículo automóvel sobre o qual havia sido constituída hipoteca para garantia do pagamento da dívida exequenda. Ignorando a indicação do exequente e o disposto no artigo 835º, sem qualquer justificação,

---

[71] Cfr. acórdão do Supremo Tribunal de Justiça de 13/10/1993 (José Magalhães), disponível na base de dados do ITIJ.

[72] Para maiores desenvolvimentos quanto à responsabilidade dos diversos intervenientes processuais no domínio da acção executiva, cfr. a referida obra de Maria Olinda Garcia.

AS FUNÇÕES DO AGENTE DE EXECUÇÃO

o agente de execução efectua pesquisas nas bases de dados e encontra um imóvel registado em nome do executado, procedendo de imediato à sua penhora. Incidindo sobre referido imóvel uma hipoteca destinada a garantir o pagamento do preço da sua aquisição, efectua a citação do credor inscrito nos termos do artigo 864º, nº 3, alínea b). Este, por sua vez, com base na respectiva cláusula contratual, considerando resolvido o contrato, apresentou em juízo a correspondente reclamação de créditos. Citado o executado, este deduz oposição à penhora, a qual vem a ser julgada procedente por se considerar verificada a previsão do artigo 863º-A, nº 1, alínea c), em consequência da violação do disposto nos artigos 835º.

No caso configurado, entendemos estarem verificados todos os pressupostos da obrigação de indemnizar previstos no artigo 483º, do Código Civil, designadamente, o acto ilícito e o prejuízo reparável[73].

Os referidos pressupostos consubstanciar-se-ão, por um lado, na violação do dever de diligência a que o agente de execução está adstrito por força do disposto no artigo 123º, nº 1, alínea a), do Estatuto da Câmara dos Solicitadores, impondo-lhe o dever de *praticar diligentemente os actos processuais de que seja incumbido, com observância escrupulosa dos prazos legais ou judicialmente fixados e dos deveres deontológicos que sobre si impendem*, devendo este normativo ser conjugado com o estatuído no artigo 835º, proibindo que a penhora possa recair sobre bens diferentes dos oferecidos em garantia enquanto não for reconhecida a insuficiência[74] destes para conseguir o fim da execução, e, por outro, na verificação de um prejuízo para o executado, traduzido na resolução do contrato de crédito destinado à aquisição do imóvel, pelo que este terá direito a ser indemnizado pelo agente de execução, devendo o montante indemnizatório corresponder ao valor do dano decorrente da resolução do referido contrato.

E se, nesse caso, o agente de execução tem o dever de indemnizar o executado[75] pelo prejuízo decorrente da resolução do contrato, uma

---

[73] Na versão reduzida de Fernando Pessoa Jorge (Ensaio Sobre Os Pressupostos da Responsabilidade Civil, Almedina, Coimbra, 1999, p. 55), integrando no primeiro dos referidos pressupostos o *nexo de imputação* e, no segundo, o *nexo de causalidade*.

[74] Que, em rigor, só poderá ser determinada após a fixação pelo agente de execução do valor dos bens a vender, ou se o valor patrimonial tributário do imóvel tiver sido fixado em avaliação efectuada há menos de três anos (artigo 886º-A, n.os 2, alínea b) e 3, alínea a)).

[75] Cfr. nesse sentido, Maria Olinda Garcia, ob. cit. pp. 33-40.

vez que o facto danoso foi praticado no âmbito da respectiva comissão, também o exequente poderá responder solidariamente perante o lesado, atendendo ao estatuído nos artigos 497º e 500º, do Código Civil.

9. A Responsabilidade Civil do Agente de Execução Relativamente ao Exequente

Poderá igualmente verificar-se a possibilidade de o agente de execução ter de indemnizar o exequente por causa de actos ou omissões praticados no exercício do cargo, nomeadamente ao não respeitar a indicação de bens à penhora efectuada no requerimento executivo, se a satisfação do respectivo crédito se frustrar pela demora excessiva na realização da penhora, mesmo que seja alegado que o tempo decorrido foi ocupado na procura de outros bens penhoráveis, dado neste caso se encontrarem igualmente verificados os pressupostos da obrigação de indemnizar nos termos supra referidos.

Na verdade, se o exequente indicou bens penhoráveis no requerimento executivo e mencionou a sua localização, toda e qualquer diligência efectuada pelo agente de execução que não se traduza na penhora desses bens, deverá ser considerada *inútil* e *desnecessária* e, nessa medida, violadora das referidas normais legais.

Se a tudo isso acrescentarmos o facto de a frustração do crédito do exequente decorrer da circunstância de a penhora não ter sido efectuada em prazo razoável, concluiremos que o mesmo terá direito a ser indemnizado pelo agente de execução, devendo o montante indemnizatório corresponder ao valor dos bens que deveriam ter sido penhorados.

10. A Possibilidade de Responsabilização pelas Custas

Configure-se ainda a hipótese de o exequente, no requerimento executivo, ter nomeado à penhora um veículo automóvel pertencente ao executado e o agente de execução, em desrespeito pela nomeação do exequente, proceder à penhora de um estabelecimento comercial. Posteriormente, são intentados embargos de terceiro, sustentando que o estabelecimento comercial havia sido transaccionado em momento anterior à penhora e que, à data, já pertencia a um terceiro, que agora invoca a respectiva posse e propriedade. Notificado para contestar os embargos, o exequente vem alegar ser absolutamente alheio à referida penhora, salientando ainda que não havia nomeado o estabelecimento comercial por ser do seu conhecimento que o mesmo já não pertencia ao executado e que não deseja a manutenção da penhora efectuada.

Na situação configurada, torna-se incontroverso que os embargos de terceiro deverão ser desde logo julgados procedentes no despacho saneador, nos termos do artigo 510º, nº 1, alínea b), com o consequente levantamento da respectiva penhora.

Para além do facto de os referidos embargos de terceiro se traduzirem numa actividade absolutamente inútil (proibida pelo artigo 137º) e do atraso na concretização da penhora do veículo automóvel que havia sido nomeado pelo exequente, impõe-se perguntar: quem paga as custas do processo de embargos de terceiro?

Considerando que apenas o agente de execução *deu causa* à instauração dos embargos de terceiro, em nossa opinião, deverão as custas ficar a seu cargo, por interpretação extensiva do disposto no artigo 448º, n.ᵒˢ 1 e 3[76].

Não poderemos ignorar que a redacção do mencionado normativo, a qual, com diferenças de pormenor sem significado, vem já do Código de Processo Civil de 1939, visou afastar da regra geral da condenação em custas os actos ou incidentes supérfluos (inúteis), imputando-os a quem lhes deu causa.

Porém, convém não esquecer que até à reforma da acção executiva de 2003, introduzindo a figura do solicitador de execução, para além das próprias partes[77], as únicas pessoas com competência para a prática de actos no âmbito dos processos judiciais eram os juízes e os oficiais de justiça. Por isso, não havia razão para imputar o pagamento das custas daqueles actos a outras pessoas.

---

[76] Ainda a propósito do disposto no artigo 448º, pensamos relevante salientar que, a nosso ver, a redacção do seu nº 3, que resulta da publicação do Decreto-Lei nº 34/2008, de 26 de Fevereiro, apenas pretendeu esclarecer que o funcionário ou agente de execução, este apenas enquanto oficial de justiça incumbido da tramitação da acção executiva nos casos especialmente previstos, responde pelos prejuízos causados nos termos fixados pelo regime da responsabilidade civil extracontratual do Estado, não sendo esta norma aplicável aos agentes de execução (advogados ou solicitadores) que não sejam funcionários.

[77] Que também paguem as custas decorrentes dos actos ou incidentes inúteis que tenham requerido, mesmo que as custas da acção devam ser pagas pela parte contrária.

Com a reforma da acção executiva, os agentes de execução sem dependência ao Ministério da Justiça, passaram a ter competência para a prática de actos em termos análogos aos atribuídos aos funcionários da secretaria judicial, não se vendo assim qualquer razão para que aqueles não sejam responsabilizados nos mesmos termos em que estes respondem pela prática dos actos e incidentes inúteis.

Capitulo V
A Fase Preliminar do Processo Executivo

1. Considerações Gerais

Antes de entrar na análise das diligências que ao agente de execução compete realizar, pensamos não ser despiciendo salientar que este trabalho não pretende ser mais um manual da acção executiva, quer por nos faltar o saber e a experiência, quer ainda por não ser essa a sua finalidade.

De qualquer modo, como naturalmente se compreenderá, pretendendo-se analisar as funções do agente de execução e estando as mesmas indissociavelmente relacionadas com as diligências executivas, impõe-se que estas sejam examinadas nos seus aspectos essenciais, sempre na perspectiva do agente a quem se dirigem, devendo a acção executiva ser aqui apresentada de uma forma dinâmica, procurando acompanhar a tramitação do processo do modo como este se apresenta ao agente de execução e as circunstâncias que o mesmo, em cada momento, deverá observar.

E ainda que deva ser dada prevalência à análise da tramitação subsequente às alterações de 2008, também não deverá ignorar-se que as disposições decorrentes da reforma de 2003 continuarão a aplicar-se ainda durante muito tempo, já que, salvo no que respeita ao disposto nos artigos 833º-B, nº 6, 919º, nº 1, alínea c) e 920º, nº 5, as alterações introduzidas pelo Decreto-Lei nº 226/2008, de 20 de Novembro, só serão aplicáveis aos processos iniciados depois de 20 de Novembro de 2008, neste caso apenas no que respeita às normas previstas no seu artigo 23º, ou, após o dia 30 de Março de 2009[78], quanto às restantes[79].

Salientar-se-á ainda que, na análise da tramitação do processo executivo, tomaremos por referência a execução para pagamento de quantia certa, sem prejuízo de, no momento julgado adequado, ser feita uma breve abordagem à execução para entrega de coisa certa e para prestação de facto.

2. O Requerimento Executivo e a Distribuição do Processo

A acção executiva inicia-se com a apresentação em juízo, por via electrónica ou em suporte de papel, do requerimento executivo em modelo oficialmente aprovado[80-81], identificando as partes[82], mencionando o domicilio profissional do mandatário judicial, designando o agente de execução, indicando o fim da execução, expondo sucintamente os factos que fundamentam o pedido se não constarem do título, formulando o pedido, declarando o valor da causa, liquidando a obrigação e escolhendo

---

[78] Afigura-se-nos que da conjugação dos artigos 22º e 23º do Decreto-Lei nº 226/2008, de 20 de Novembro, só as disposições legais previstas naquele primeiro normativo serão aplicáveis aos processos pendentes, uma vez que, aludindo à aplicação da lei no tempo, o legislador deixou expresso que as alterações ao Código de Processo Civil apenas se aplicam aos processos iniciados após a sua entrada em vigor, com a referida excepção.

[79] É certo que, nesta mesma altura, ainda continuará a coexistir uma terceira forma de tramitação relacionada com as execuções instauradas antes de 15 de Setembro de 2003, mas dessas não nos ocuparemos, uma vez que nas mesmas o agente de execução não tem intervenção.

[80] Cfr. Artigos 138º-A e 2º e 3º, da Portaria nº 331-B/2009, de 30 de Março.

[81] A exigência de o requerimento executivo ser apresentado em modelo próprio oficialmente aprovado deverá ser extensiva ao requerimento destinado à cumulação sucessiva, prevista no artigo 54º, com vista à execução de outro título, já que, se assim não fosse, o processo passaria a conter dados informatizados e não informatizados, pelo que o acesso a estes últimos apenas seria possível através da consulta do processo físico na secretaria judicial, circunstância que poderia induzir em erro quem efectuasse a consulta do mesmo apenas pela via informática, para além de não permitir a sua transmissão pelos meios telemáticos ao agente de execução, nos termos previstos no Decreto-Lei nº 202/2003, de 10 de Setembro, circunstâncias que ganharam acrescida acuidade com as alterações de 2008, na medida em que as execuções instauradas depois de 30 de Março de 2009 passaram a ter uma tramitação exclusivamente electrónica.

[82] Referindo-se agora apenas os documentos e circunstâncias que têm natureza obrigatória e que a sua falta poderá levar à recusa do requerimento executivo pelo agente de execução.

A FASE PRELIMINAR DO PROCESSO EXECUTIVO

a prestação, quando aplicável, redigido em língua portuguesa e devidamente assinado, acompanhado do título executivo, documento comprovativo do prévio pagamento da taxa de justiça inicial[83] ou da concessão do benefício de apoio judiciário na modalidade de dispensa total ou parcial do mesmo (artigos 467º, nº 3, 474º, alíneas f), g) e h) e 810º, nº 4).

Efectuada a remessa do requerimento executivo e demais documentos por transmissão electrónica de dados, ou sendo os mesmos apresentados em juízo em suporte de papel, nos casos em que este modo de apresentação é legalmente permitido, precede-se à sua distribuição por meios electrónicos (artigo 209º-A, nº 1), sendo esta realizada de forma automática duas vezes por dia, às 9 e às 13 horas (artigo 15º, da Portaria nº 114/2008, de 6 de Fevereiro)[84].

A distribuição tem por finalidade repartir com igualdade o serviço de cada juiz e respectiva secção de processos[85], determinando-se a secção ou juízo onde a acção executiva irá correr os seus termos.

Assim, quando o processo chega ao escritório do agente de execução, este saberá de imediato a quem se deverá dirigir no tribunal para efectuar as comunicações e solicitações que forem necessárias.

---

[83] Após a publicação do Decreto-Lei nº 34/2008, de 26 de Fevereiro, foi aditado ao Código de Processo Civil o artigo 447º-A, estipulando que a taxa de justiça é paga pelo exequente nos termos do Regulamento das Custas Processuais publicado no Anexo III ao citado diploma, estabelecendo-se no seu artigo 6º que *a taxa de justiça corresponde ao montante devido pelo impulso processual do interessado e é fixada em função do valor e complexidade da causa de acordo com o presente regulamento, aplicando-se, na falta de disposição especial, os valores constantes da tabela I-A*, importando ainda ter presente que, nos termos do artigo 8º da Portaria nº 114/2008, de 6 de Fevereiro (alterada pelas Portarias nº 457/2008, de 20 de Junho, 1538/2008, de 30 de Dezembro (esta com republicação), 458-B/2009, de 4 de Maio, 195-A/2010, de 8 de Abril e 471/2010, de 8 de Julho), o prévio pagamento da taxa de justiça, ou a sua dispensa, são comprovados através da apresentação, por transmissão electrónica de dados, do documento comprovativo do prévio pagamento ou da concessão do pedido de apoio judiciário.

[84] Afigura-se-nos não haver qualquer utilidade na indicação das formas de distribuição anteriores a 30/03/2009.

[85] Esta distribuição nada tem a ver com a repartição do trabalho entre os agentes de execução, dado que estes, exercendo uma profissão liberal, poderão receber a quantidade de processos que entenderem adequada à capacidade instalada do seu escritório.

3. A Recusa do Requerimento Executivo

Recebido o processo, a primeira operação a efectuar pelo agente de execução relaciona-se com a verificação dos aspectos formais do requerimento executivo, devendo o mesmo ser recusado se não obedecer ao modelo oficialmente aprovado ou omitir alguns dos requisitos impostos[86] pelo nº 1 do artigo 810º (artigo 811º, nº 1, alínea a))[87].

Analisados os aspectos formais do requerimento executivo, deverá ainda o agente de execução verificar se o exequente apresentou o título executivo ou, agora, a sua cópia[88], nos casos em que o requerimento executivo tenha sido remetido a juízo por transmissão electrónica de dados (artigo 811º, nº 1, alínea b)).

Verificada a falta absoluta do título, nos casos em que nenhum documento é apresentado[89], não se suscitam quaisquer dúvidas, uma vez que, atendendo ao estatuído no artigo 45º, só estando munido de um título executivo poderá o exequente demandar o executado no âmbito de uma acção executiva, pelo que o agente de execução deverá recusar o requerimento executivo.

---

[86] Existem circunstâncias elencadas no artigo 810º, nº 1, que poderão não ter aplicabilidade ao caso concreto.

[87] As reservas que em seguida serão colocadas quanto à recusa do requerimento executivo por parte do agente de execução com base na falta ou insuficiência do título executivo são comuns à mesma recusa com fundamento na falta de exposição dos factos que fundamentam o pedido, quando não constem do título executivo, devendo, por isso, merecer um tratamento semelhante.

[88] Estamos em crer que, pelo menos nas acções executivas fundadas em título de natureza negocial, seria preferível que o exequente devesse depositar o original do documento na respectiva secretaria judicial logo no início do processo, para desse modo evitar, designadamente, a violação do princípio do juiz natural. Como é sabido, a taxa de justiça devida pelo impulso da acção executiva é actualmente de € 25,00, pelo que, atendendo ao baixo valor desta, poderá compensar a instauração de várias execuções simultaneamente para tentar acertar no juízo ou secção cujo titular vem sufragando entendimento conforme à pretensão do exequente. Com a referida obrigação, também se evitariam as manobras dilatórias decorrentes da notificação do exequente para apresentação do original do título ou a subsequente afirmação do seu extravio quando o mesmo se mostra necessário para a realização de exame pericial à letra.

[89] Também existirá omissão absoluta quando o exequente apresenta um documento relativamente ao qual desde logo se conclui nada ter a ver com aquele processo executivo, circunstância que ocorre quando se verifica a troca de documentos, sendo que, também neste caso, a nosso ver, deverá o agente de execução proceder à recusa do requerimento executivo.

A FASE PRELIMINAR DO PROCESSO EXECUTIVO

As principais dúvidas poderão colocar-se na delimitação da fronteira entre o que deverá entender-se por *manifesta insuficiência*, que dá lugar à recusa do requerimento executivo nos termos do artigo 811º, nº 1, alínea b), segunda parte, e o *duvidar da suficiência*, que impõe a remessa do processo para despacho liminar por força do disposto no artigo 812º-D, alínea e).

A questão relacionada com a recusa do requerimento executivo baseada na falta de exposição dos factos que fundamentam o pedido ou na insuficiência do título executivo não é nova, tendo no passado suscitado alguma controvérsia quanto à eventual inconstitucionalidade das normas que atribuíam a respectiva competência aos funcionários da secretaria judicial, verificando-se agora apenas uma alteração quanto aos seus destinatários, passando a prática desses actos nos processos em que são aplicáveis as normas decorrentes das alterações de 2008 a pertencer ao agente de execução, pelo que não vemos qualquer razão para que nesta altura seja feita uma diferente interpretação.

Poder-se-á argumentar que a diferente qualificação técnica de uns e outros, principalmente no caso dos agentes de execução titulares de licenciatura em direito ou em solicitadoria e que hajam sido aprovados no respectivo curso, permitirá uma interpretação mais consentânea com os respectivos preceitos legais.

Porém, pensamos não ser despiciendo salientar que a questão nada tem que ver com as qualificações técnicas das pessoas, mas antes com as competências constitucionalmente conferidas aos tribunais, atribuindo a estes a exclusividade do exercício do poder jurisdicional.

Em nossa opinião, se o exequente apresentar um documento, afirmando a existência de um título executivo consubstanciado no mesmo, para que possa ocorrer a recusa importa verificar a natureza da insuficiência.

Se, p. ex., for apresentada à execução uma sentença sem que seja apresentado o traslado[90], devendo sê-lo (artigo 90º, nº 3), entendemos que o agente de execução deverá recusar o requerimento executivo. Neste caso

---

[90] Talvez pelo facto de, na maioria das comarcas, por força do disposto no artigo 90º, nº 3, alínea b), a execução correr por apenso à acção declarativa, nos casos em que a mesma deva correr no traslado por existir tribunal com competência executiva específica, ocorre com muita frequência a apresentação de uma cópia simples da sentença sem qualquer certificação e sem a menção de trânsito em julgado.

a insuficiência é extrínseca ao próprio título[91] e a sua constatação não envolve qualquer juízo de natureza jurídica, traduzindo apenas a ausência de um mero acto material[92-93], pelo que nada obsta a que possa ser conhecida pelo agente de execução.

A referida insuficiência, fundamentando o acto de recusa, também poderá verificar-se por deficiência da respectiva cópia, apresentando-se no todo ou em parte de leitura impossível.

Resultando a eventual insuficiência de uma qualquer circunstância intrínseca ao próprio título, envolvendo um juízo valorativo sobre a sua validade, como será o caso, a título meramente exemplificativo, das letras e livranças às quais falte algum dos elementos essenciais previstos nos artigos 1º e 75º, da Lei Uniforme Sobre Letras e Livranças ou ainda quando o documento particular de assunção de dívida traduza a existência de um contrato de mútuo nulo por falta de forma, nos termos do artigo 1143º, do Código Civil, não cremos que o agente de execução possua competência para a respectiva recusa[94], devendo entender-se que, neste caso, estamos perante a prática de um acto jurisdicional, para o qual só o juiz dispõe da necessária competência[95].

O requerimento executivo deverá ainda ser recusado nos casos em que o exequente não comprovar o prévio pagamento da taxa de justiça

---

[91] Sem pretender entrar na controvérsia relacionada com a questão de saber se o título é o documento ou o acto documentado, para o efeito que agora analisamos, afigura-se-nos ser de adoptar a tese de que o mesmo deverá reunir a dupla exigência de conter uma obrigação que se pretende executar e cumprir as condições formais que o apresentem apto para a execução (cfr. Eduardo J. Couture, citado por Fernando Amâncio Ferreira, *Curso de Processo de Execução*, 11ª edição, Almedina, Coimbra, 2009, p. 70).

[92] Daí que concordemos com Fernando Amâncio Ferreira (ob. cit. p. 163-nota 259), quando afirma que a *insuficiência* do título que agora analisamos existirá *somente nos casos em que não tenha, por observância pouco aprofundada, a mínima aparência de um título executivo.*

[93] Cfr. ainda José Lebre de Freitas (*A Acção Executiva Depois da Reforma da Reforma*, cit. p. 158-nota 4-B), no sentido de que a constatação deverá ser meramente material.

[94] Assim como também se nos afigura não caber nas funções do agente de execução a possibilidade de este poder dirigir ao exequente um convite ao aperfeiçoamento.

[95] Nesta parte concordando com Paula Costa e Silva (*A Reforma da Acção Executiva*, 3ª Edição, Coimbra Editora, 2003, p. 48), quando afirma que *os juízos de suficiência e de fundamentação são juízos. Supõem o controlo da adequação do título à pretensão e à respectiva fundamentação. Supõem valoração e decisão. Ora, qualquer decisão que implique uma valoração implica o exercício do poder jurisdicional.*

ou a concessão[96] de apoio judiciário (artigo 811º, alínea c), por aplicação do disposto no artigo 474º, nº 1, alíneas f), g) e h)).

Por último, pensamos ser de sufragar o entendimento de que a recusa, nos termos sobreditos, deverá ocorrer mesmo nos casos em que esteja prevista a obrigatoriedade da remessa do processo ao juiz para despacho liminar.

Esse entendimento decorre da circunstância de as razões que fundamentam a necessidade da remessa do processo para despacho liminar só deverem ser analisadas depois de ultrapassados os obstáculos de natureza formal e de se encontrarem no processo os documentos necessários para poder ser apreciada a validade da pretensão exequenda.

Com efeito, afigura-se-nos não fazer sentido que o processo seja remetido ao juiz para despacho liminar com um dos fundamentos previstos no artigo 812º-D, se, p. ex., faltar em absoluto o título executivo ou não tiver sido comprovado o prévio pagamento da taxa de justiça ou a concessão de apoio judiciário.

Assim, em nossa opinião, havendo fundamento para a recusa do requerimento executivo, o agente de execução deverá proceder desde logo a essa recusa e só depois de ultrapassados os obstáculos que a fundamentaram é que deverá remeter o processo ao juiz para despacho liminar nos termos do artigo 812º-D, sem prejuízo de a intervenção do juiz poder ser suscitada na decorrência do acto de recusa, nos termos do artigo 811º, nº 2.

4. As Hipóteses a Seguir pelo Agente de Execução

Não havendo razões para a recusa do requerimento executivo nos termos supra referidos, recebido o processo, que apenas passa pela secretaria judicial para ser distribuído, ao agente de execução poderão deparar-se as seguintes hipóteses:

I – A remessa do processo para despacho liminar nos casos previstos no artigo 812º-D.

---

[96] Na fase inicial do processo, não basta a mera apresentação do documento comprovativo de ter sido requerido o benefício do apoio judiciário, devendo demonstrar-se que o mesmo foi concedido.

II – Ainda a remessa do processo para o juiz no caso de o exequente ter requerido a dispensa de citação prévia nos termos do artigo 812º-F, nº 3.

III – Proceder à citação prévia[97] do executado, sem necessidade de despacho liminar, nos casos não abrangidos pelos artigos 812º-C e 812º-D[98].

IV – Não se verificando nenhuma das situações anteriormente referidas, iniciar as consultas previstas nos artigos 832º e 833º-A, se necessárias, e proceder à penhora imediata nas execuções a que alude o artigo 812º-C.

Antes ainda de analisarmos cada uma das referidas hipóteses, pensamos ser relevante salientar que, com as alterações de 2008, sendo retirado ao juiz o poder geral de controlo, este passou a intervir na acção executiva apenas nos casos expressamente previstos no artigo 809º, nº 1:

a) Prolação de despacho liminar, quando deva ter lugar;

b) Julgar a oposição à execução e à penhora, bem como verificar e graduar os créditos;

c) Julgar as reclamações de actos e impugnações de decisões do agente de execução;

d) Decidir outras questões suscitadas pelo agente de execução, pelas partes ou por terceiros intervenientes.

E porque se pretendeu significar que a limitação da intervenção do juiz é mesmo para ser observada, o legislador estabeleceu a condenação em multa, aplicável aos requerentes ou aos agentes de execução, quando os respectivos pedidos sejam manifestamente injustificados (artigo 809º, n.ºs 2 e 3).

Estamos em crer que a introdução desta sanção resultou da constatação pelo legislador de que o paradigma da reforma de 2003 não havia sido integralmente assimilado pelos diversos intervenientes, impondo-se clarificar que o centro de decisão da acção executiva foi transferido para o agente de execução, intervindo o juiz apenas nos casos expressamente previstos na lei (em regra, quando a reserva de juiz o impõe, nos casos de levantamento de sigilos carecidos de autorização, ou para dirimir um conflito entre as partes ou entre uma delas e o agente de execução).

---

[97] Neste contexto a expressão significa anterior à efectivação da penhora.

[98] Não mencionámos a citação urgente, prevista no artigo 478º, uma vez que, os respectivos pressupostos deverão ser analisados pelo juiz previamente à distribuição do processo, pelo que este quando chega ao escritório do agente de execução já contém o respectivo despacho.

4.1 A remessa do processo para despacho liminar

Relativamente à primeira das referidas hipóteses, ainda que, de *iure constituendo*, como deixámos já salientado, se nos afigure que a regra deveria consistir na existência de despacho liminar e/ou na citação prévia do executado, de *iure constituto*, pensamos que a enumeração prevista no artigo 812º-D deverá ser considerada taxativa[99].

Assim, em conformidade com o mencionado normativo e de acordo com o aludido entendimento, o agente de execução [apenas] deverá remeter o processo ao juiz para prolação de despacho liminar:

a) Nas execuções movidas apenas contra o devedor subsidiário;

b) Nos casos em que a obrigação esteja dependente de condição suspensiva ou de uma prestação por parte do credor ou de terceiro e a prova não possa ser feita por documentos;

c) Nas execuções baseadas em acta de reunião de assembleia de condóminos, na previsão do artigo 6º, do Decreto-Lei nº 268/94, de 25 de Outubro;

d) Nas execuções fundadas em título executivo, nos termos do artigo 15º, n.os 1 e 2, do NRAU (Lei nº 6/2006, de 27 de Fevereiro);

e) Se o agente de execução duvidar da suficiência do título ou da interpelação ou notificação do devedor;

f) Se o agente de execução suspeitar da existência de excepções dilatórias, não supríveis, de conhecimento oficioso ou quando, fundando-se a execução em título negocial, seja manifesto, face aos elementos constantes dos autos, a inexistência dos factos constitutivos ou a existência de factos impeditivos ou extintivos da obrigação exequenda que ao juiz seja lícito conhecer;

g) Se, pedida a execução de sentença arbitral, o agente de execução duvidar de que o litígio pudesse ser cometido à decisão por árbitros, por a respectiva competência estar atribuída por lei especial aos tribunais judiciais ou à arbitragem necessária ou, ainda, por o direito litigioso não ser disponível pelo seu titular.

---

[99] Esta nossa interpretação resulta da circunstância de o legislador de 2008 ter deixado expresso no preâmbulo do Decreto-Lei nº 226/2008, de 20 de Novembro, que *"reserva-se a intervenção do juiz para as situações em que exista efectivamente um conflito ou em que a relevância da questão o determine"* e ainda pelo facto de serem exíguos os quadros dos juízes de execução, pelo que, se assim não fosse, correr-se-ia o risco de ter os juízes absorvidos com questões de menor relevância, impedindo-os de efectuar em tempo razoável as tarefas do seu múnus.

AS FUNÇÕES DO AGENTE DE EXECUÇÃO

Analisaremos seguidamente cada uma das referidas previsões, dispensando adequado desenvolvimento àquelas que, na prática judiciária, poderão suscitar uma maior controvérsia.

Aquando da prolação do despacho liminar, o juiz concluirá pelo indeferimento (total ou parcial) do requerimento executivo se ocorrer alguma das situações previstas no artigo 812º-E, n.os 1 e 2, devendo convidar o exequente a suprir as eventuais irregularidades do requerimento executivo ou a sanação da falta de pressupostos, aplicando-se, com as necessárias adaptações, o disposto no nº 2 do artigo 265º, sendo que, nessas circunstâncias, se o vício não for suprido ou a falta não for corrigida dentro do prazo fixado, o requerimento executivo também será indeferido (artigo 812º-E, n.os 3 e 4) e, por fim, se o processo dever prosseguir, proferirá despacho de citação do executado para, no prazo de 20 dias, pagar ou opor-se à execução (artigo 812º-E, nº 5).

4.1.1 As execuções movidas apenas contra o devedor subsidiário

Sendo a execução instaurada apenas contra a pessoa cujo património só subsidiariamente deva responder pelo pagamento da dívida exequenda, estabelece-se no artigo 812º-D, alínea a), que o agente de execução deverá remeter o processo ao juiz para despacho liminar.

Para este efeito, pensamos que o referido normativo deverá ser harmonizado com o estatuído no artigo 812º-F, nº 2, alínea a), devendo entender-se que o processo só deverá ser remetido para despacho liminar nos casos em que apenas foi demandado o devedor subsidiário e o exequente tenha pedido a dispensa judicial de citação prévia, nos termos previstos no artigo 812º-F, n.os 3 e 4. No caso contrário, a citação deverá ser efectuada sem necessidade de despacho liminar[100].

Para concluir que a execução foi instaurada apenas contra o devedor subsidiário, o agente de execução deverá analisar o documento dado à execução e verificar a origem da respectiva obrigação, remetendo o processo para despacho liminar quando do mesmo resulte que os bens pertencentes à pessoa demandada só devam ser penhorados depois de esgotada a possibilidade de a dívida exequenda poder ser paga com recurso ao património de outra pessoa, considerada como devedora principal.

---

[100] Cfr. nesse sentido, Manuel Tomé Soares Gomes, Revista do CEJ, nº 12, cit. p. 141.

A FASE PRELIMINAR DO PROCESSO EXECUTIVO

É o que ocorre mais frequentemente com a prestação de fiança, em que a obrigação do fiador é acessória da que recai sobre o principal devedor, sendo lícito àquele recusar o cumprimento enquanto o credor não tiver excutido todos os bens deste sem obter a satisfação do seu crédito (artigos 627º e 638º, ambos do Código Civil).

A necessidade de operar a citação prévia do devedor subsidiário, nos casos em que o exequente tenha optado por não demandar também o devedor principal, tem a sua previsão no artigo 828º, nº 2, justificando-se a prática do referido acto para permitir que o executado possa invocar o benefício da excussão prévia e, tendo sucesso, obrigar o exequente a fazer prosseguir a execução contra o devedor principal, promovendo a penhora dos bens deste junto do agente de execução.

Para que a aludida dispensa de citação prévia possa ser deferida, o exequente deverá demonstrar não só o receio de perda da garantia patrimonial do seu crédito (artigo 812º-F, nº 3), mas também que o devedor principal não possui bens ou que o devedor subsidiário renunciou ao benefício da excussão prévia (artigo 828º, nº 3, alínea b))[101].

Sendo deferido o pedido de dispensa de citação prévia nos termos anteriormente analisados, o executado devedor subsidiário poderá ainda invocar o benefício da excussão prévia em oposição à penhora, requerendo o levantamento desta com o fundamento de que o devedor principal possui bens suficientes para o pagamento da dívida exequenda e o exequente não requereu o prosseguimento da execução contra aquele no prazo de 10 dias a contar da notificação de que foi deduzida a referida oposição (artigo 828º, nº 4, alíneas a) e b)).

4.1.2 A dependência de condição suspensiva ou de prestação do credor ou de terceiro

Estando a exigibilidade da obrigação dependente da verificação de condição suspensiva[102] ou de uma prestação por parte do credor ou de terceiro, o exequente deverá demonstrar documentalmente, perante o agente de

---

[101] Cfr. nesse sentido, Mariana França Gouveia, *O Executado com Responsabilidade Subsidiária*, Themis, nº 9, cit. p. 118.

[102] Nos termos do artigo 270º, do Código Civil, estaremos perante uma condição suspensiva no caso de as partes terem subordinado a um acontecimento futuro e incerto a produção dos efeitos do negócio jurídico.

AS FUNÇÕES DO AGENTE DE EXECUÇÃO

execução, que se verificou a condição ou que foi efectuada ou oferecida a prestação (artigo 804º, nº 1).

A obrigatoriedade de remessa do processo para despacho liminar, nos termos do artigo 812º-D, alínea b), apenas se verifica nos casos em que a prova das referidas circunstâncias não possa ser feita por documentos (artigo 804º, n.os 2 e 3)[103].

As provas apresentadas, serão apreciadas sumariamente pelo juiz, a não ser que este considere necessária a audição do devedor, caso em que determinará que se proceda à sua citação com a cominação de que, na falta de contestação, que só poderá ser apresentada em oposição à execução, se considera verificada a condição ou efectuada ou oferecida a prestação nos termos requeridos pelo exequente, ressalvada a excepção aos efeitos da revelia previstos no artigo 485º (artigo 804º, n.os 3 a 7).

No caso de serem apresentados documentos que o agente de execução considere não serem suficientes para a demonstração de que a condição se verificou ou que a prestação foi efectuada ou oferecida, a nosso ver, o processo deverá ser igualmente remetido ao juiz para despacho liminar, agora com fundamento na dúvida sobre a suficiência do título, nos termos previstos no artigo 812º-D, alínea e), após o que o mesmo decidirá se os documentos oferecidos asseguram a exigibilidade da obrigação.[104].

---

[103] A este respeito, como salienta Carlos Lopes do Rego (*Requisitos da Obrigação Exequenda*, Themis, nº 7, cit. p. 69), *quando a demonstração da exigibilidade do débito exequendo não possa ser feita por simples prova documental, a tramitação passa justificadamente a envolver a necessária intervenção do juiz: na verdade, é manifesto que a tarefa de livre apreciação das provas e a resolução das questões de direito que podem estar subjacentes à exigibilidade da obrigação transcendem o âmbito das competências possíveis do agente executivo, assumindo contornos claramente jurisdicionais – e impondo, consequentemente, o princípio da "reserva do juiz" que tal tarefa de valoração das provas deva depender do julgador.*

[104] A respeito da dúvida sobre a suficiência dos documentos apresentados pelo exequente, ainda que expressas em texto anterior às alterações de 2008, pensamos manterem toda a pertinência as considerações de Paulo Pimenta (Themis, nº 9, *cit.* p. 70) no sentido de que *"Em caso afirmativo, a execução é recebida, por despacho judicial. Em caso negativo, isto é, no caso de os documentos oferecidos não permitirem por si o convencimento judicial de que a obrigação é exigível (o que, note-se, não equivale à afirmação do inverso, ou seja, de que ela é mesmo inexigível), impõe-se a prolação de um despacho de convite ao aperfeiçoamento do requerimento executivo (...) proporcionando ao exequente a utilização de outros meios de prova de que eventualmente disponha, com vista a garantir o recebimento da execução, convite esse que acabará por desencadear a aplicação do nº 2 deste mesmo art. 804º".*

4.1.3 A acta de reunião da assembleia de condóminos

Tendo sido apresentado como título executivo uma acta de reunião da assembleia de condóminos, nos termos do artigo 812º-D, alínea b), deverá o agente de execução remeter o processo para despacho liminar[105].

Em conformidade com o estatuído no artigo 6º, nº 1, do Decreto-Lei nº 267/94, de 25 de Outubro, as actas de reunião da assembleia de condóminos poderão servir de base à execução nos casos em que *tiver deliberado o montante das contribuições devidas ao condomínio ou quaisquer despesas necessárias à conservação e fruição das partes comuns e ao pagamento de serviços de interesse comum, que não devam ser suportadas pelo condomínio, constitui título executivo contra o proprietário*[106] *que deixar de pagar, no prazo estabelecido, a sua quota-parte.*

Em nossa opinião, as actas a que a mencionada disposição legal se refere e relativamente às quais o legislador conferiu força executiva, são aquelas em que a assembleia de condóminos procedeu à aprovação dos orçamentos anuais ou extraordinários[107] que constituam um encargo geral.

Para que a respectiva acção executiva seja intentada com sucesso, bastará a apresentação da acta[108] e a alegação no requerimento executivo, na parte destinada à exposição dos factos (artigo 810º, nº 1, alínea e)), do(s)

---

[105] Estamos em crer que a necessidade de submissão a despacho liminar das execuções fundadas no aludido documento terá resultado da constatação de que a realidade que esteve subjacente à aprovação do Decreto-Lei nº 267/94, de 25 de Outubro, terá sido ultrapassada pela existência de uma intensa actividade empresarial em torno da administração dos condomínios, começando a escassear os casos em que os proprietários das respectivas fracções assumem, directamente e de forma rotativa, a gestão da coisa comum. Ainda que se reconheça que a finalidade do referido diploma, no sentido de assegurar uma cobrança mais simples e célere das prestações condominiais, continua a ter plena justificação, estamos em crer que a prática constante no sentido de procurar cobrar quantias que estão para além da previsão legal justificaria uma intervenção legislativa no sentido de uma maior concretização.

[106] Nos casos em que o uso e fruição do imóvel tenha sido cedido em regime de locação financeira, tudo indica estar a formar-se jurisprudência no sentido de as obrigações condominiais ficarem a cargo do respectivo locatário financeiro (cfr. acórdãos do Supremo Tribunal de Justiça de 10/07/2008 (Urbano Dias), 6/11/2008 (Santos Bernardino) e 2/03/2010 (Fonseca Ramos), todos disponíveis na base de dados do ITIJ).

[107] Afigura-se-nos que os orçamentos não terão de ser reproduzidos na respectiva acta, mas deverão constar de um documento para o qual a acta remeta.

[108] Ou actas, se o débito respeitar a mais do que um exercício.

período(s) a que o débito se refere[109], já que tudo o mais traduzir-se-á em meras operações de natureza aritmética, tendo por base o montante global orçamentado e a respectiva permilagem.

Porém, as decisões dos tribunais superiores têm vindo a considerar que *a acta da assembleia de condóminos em que se delibere que, em determinado momento, este ou aquele condómino tem em dívida determinados montantes e não aqueles que vierem a ser devidos, resultantes de contribuições ao condomínio ou quaisquer despesas necessárias à conservação e fruição das partes comuns e ao pagamento de serviços de interesse comum, pode servir como título executivo para o administrador instaurar a competente execução contra o condómino relapso*[110-111].

Não vemos qualquer razão para que também assim não possa ser, desde que da acta ou da exposição dos factos constante do requerimento executivo resulte a natureza da prestação em falta e o período a que respeita, para obstar à eventual ineptidão do requerimento executivo.

A jurisprudência tem vindo também a considerar que a acta de reunião de assembleia de condóminos poderá ainda servir de base à execução no que respeita às sanções que o regulamento impuser para a falta de pagamento[112], devendo, neste caso, ser apresentado também o respectivo regulamento e fazendo-se no requerimento executivo a discriminação dos montantes aplicados a título de sanção.

Já, porém, no que respeita à cobrança de outras despesas decorrentes da falta de pagamento das prestações condominiais, designadamente as relacionadas com honorários de advogado, a jurisprudência tem vindo a considerar que estas só poderão ser reclamadas depois de finda a respectiva execução e após interpelação do devedor para o efeito e de o respectivo débito ter sido exarado em acta[113].

---

[109] Nesta vertente importa considerar que o executado só tem a obrigação de se defender dos factos que forem descritos no requerimento executivo e dos que constem do título apresentado, pelo que não resultando de um ou de outro ou, ainda, de ambos no seu conjunto, a concreta proveniência do débito, poderá o requerimento executivo ser considerado inepto, nos termos do artigo 193º, n.os 1 e 2, alínea a).

[110] Texto do sumário do acórdão da Relação do Porto de 2/06/2008 (Emídio Costa), publicado na Colectânea de Jurisprudência Ano XXIII, tomo III, p. 190-191

[111] Cfr. no mesmo sentido, o acórdão da Relação de Lisboa de 2/03/2004 (André dos Santos), disponível na base de dados do ITIJ.

[112] Cfr. o acórdão da Relação do Porto de 3/03/2008 (Caimoto Jácome), disponível na base de dados do ITIJ.

[113] Cfr. nesse sentido o citado acórdão da Relação do Porto de 3/03/2008.

No que concerne aos requisitos da respectiva acta, tem vindo a ser reiteradamente afirmado nas decisões dos tribunais superiores[114] que a mesma apenas tem por finalidade demonstrar a existência da respectiva deliberação, não se assumindo como elemento constitutivo nem como pressuposto de validade da deliberação, tendo a força probatória de um documento particular.

4.1.4 Os títulos executivos fundados no NRAU

O Novo Regime do Arrendamento Urbano (abreviadamente conhecido por NRAU), publicado pela Lei nº 6/2006, de 27 de Fevereiro, criou no seu artigo 15º, dois novos títulos executivos, destinando-se um à execução para entrega do locado (nos casos previstos nas alíneas a) a f) do nº 1) e, o outro, à execução por falta de pagamento de renda (nº 2).

Sendo apresentado à execução qualquer um[115-116] dos referidos títulos, deverá o agente de execução remeter o processo ao juiz para despacho liminar, nos termos do artigo 812º-D, alínea d).

Estamos em crer que a exigência de submissão a despacho liminar das execuções fundadas nos aludidos títulos estará relacionada com a importância que as questões do arrendamento assumem na vida das pessoas e, por essa razão, na necessidade de que os pressupostos da acção executiva sejam analisados no seu início, não permitindo o prosseguimento de execuções que não reúnam desde logo todos os requisitos legalmente exigidos.

---

[114] Veja-se, a título de exemplo, o acórdão da Relação do Porto de 15/11/2007 (Amaral Ferreira), disponível na base de dados do ITIJ.

[115] Mas nunca os dois simultaneamente no mesmo processo, uma vez que, por força do disposto no artigo 54º, nº 1, alínea b), a cumulação não é permitida quando as execuções tiverem fins diferentes.

[116] Por vezes constata-se que alguns agentes de execução, nas execuções para entrega do locado, fundadas em título executivo formado nos termos do artigo 15º, nº 1, do NRAU, em vez de remeter o processo ao juiz para despacho liminar, procedem de imediato à citação do executado, nos termos do artigo 928º. Essa prática deverá ser considerada incorrecta, uma vez que o legislador não fez qualquer distinção entre as referidas execuções e as que têm por finalidade o pagamento de rendas, previstas no artigo 15º, nº 2, do referido diploma, pelo que umas e outras deverão ser remetidas para despacho liminar.

Analisaremos separadamente a execução destinada à entrega do locado e a que tem por finalidade a exigência do pagamento de rendas ou outras despesas relacionadas com a ocupação do imóvel.

Em cada uma das alíneas do nº 1 do artigo 15º do NRAU está prevista uma hipótese de cessação da relação arrendatícia, sendo o título executivo formado pelo conjunto dos documentos ali previstos.

Com excepção da execução fundada na caducidade pelo decurso do prazo (alínea b)) e na denúncia pelo arrendatário (alínea f)), todas as demais situações previstas no aludido normativo têm como pressuposto comum a apresentação do contrato de arrendamento.

E assim sendo, convirá perguntar se, não existindo contrato escrito, a respectiva falta poderá ser suprida pela apresentação de um outro documento, nomeadamente pelo recibo de renda.

A este propósito salientam Laurinda Gemas, Albertina Pedroso e João Caldeira Jorge[117] que *o art.º 15º é uma norma processual inovadora, cujo lugar próprio poderia ser o Código de Processo Civil. Com efeito, veio o legislador, ao abrigo do previsto na al. d) do art.º 46º do Código de Processo Civil, atribuir força executiva a determinados documentos elencados no art.º 15º, que formam um título executivo complexo, que pode servir de base à instauração de duas espécies de execução diferente: a execução para entrega de coisa certa, ou mais propriamente, para entrega de coisa imóvel arrendada, e a execução para pagamento de quantia certa.*

Também a este respeito se pronunciou Maria Olinda Garcia[118] no sentido de que *nas hipóteses em que o título executivo é complexo, ou seja, composto por dois elementos, se faltar algum deles não haverá título. Assim, quando o título executivo deva ser integrado pelo contrato e esse contrato não tenha sido reduzido a escrito, o senhorio não terá título para intentar a acção executiva.*

Em nossa opinião, as razões que estiveram na base da redacção do artigo 7º, nº 2, do RAU (Regime do Arrendamento Urbano, publicado pelo Decreto-Lei nº 321-B/90, de 15 de Outubro), não subsistem a partir da publicação da Lei nº 6/2006, de 27 de Fevereiro, uma vez que, na mesma altura, foi revogado o artigo 1029º, do Código Civil e reintroduzido no mesmo diploma o artigo 1069º, estabelecendo que *o contrato de arrendamento urbano deve ser celebrado por escrito desde que tenha duração supe-*

---

[117] *Arrendamento Urbano, Novo Regime Anotado e Legislação Complementar,* Quid Juris, 2ª edição, 2007, p. 50.

[118] *A Acção Executiva Para Entrega de Imóvel Arrendado,* Coimbra Editora, 2006, p. 47.

rior a seis meses, não sendo feita qualquer ressalva quanto à possibilidade de a prova do contrato de arrendamento poder ser feita pela mera exibição do recibo de renda, como anteriormente acontecia.

Daí que, como sustentam Laurinda Gemas, Albertina Pedroso e João Caldeira Jorge[119], o documento que anteriormente tinha um alcance meramente probatório, passou a ter natureza *ad substantiam*, pelo que estarão feridos de nulidade os contratos de arrendamento celebrados por prazo superior a seis meses que não tenham sido reduzidos a escrito.

É claro que, sendo o contrato de arrendamento anterior ao inicio de vigência do referido artigo 1069º, do Código Civil, o mesmo não estará ferido de nulidade pelo facto de não ter sido celebrado por escrito.

Porém, essa circunstância não autoriza a afirmação de que o legislador permitiu a sua inclusão nos títulos executivos previstos no artigo 15º, nº 1, alínea e), da Lei nº 6/2006, de Fevereiro, pretendendo antes, a nosso ver, reservar essa forma de processo para os casos em que o próprio contrato não deverá ser objecto de qualquer controvérsia, resultando essa conclusão, para além do mais, da redacção da alínea f) do referido artigo 15º, nº 1, do NRAU, uma vez que, relativamente a estes, prevendo que, por se tratar de arrendamentos muito antigos, a sua maioria terá sido celebrada por contrato verbal, o legislador dispensou a apresentação do contrato de arrendamento.

Na prática judiciária, a situação mais frequente, respeitando à quase totalidade das execuções até agora instauradas com vista à entrega do arrendado, está relacionada com a cessação da relação de arrendamento com fundamento na resolução do contrato por falta de pagamento de renda, encargos ou despesas por prazo superior a três meses.

Para além da apresentação do contrato de arrendamento nos termos anteriormente analisados, exige-se ainda, neste caso, que o senhorio demonstre que comunicou a resolução do contrato ao inquilino através de notificação avulsa ou mediante contacto pessoal de advogado, solicitador ou agente de execução[120], impondo-se que essa notificação seja feita na pessoa do inquilino, com entrega do duplicado da comunicação

---

[119] Ob. cit. p. 238.

[120] Por força do estatuído no artigo 20º, nº 2, do Decreto-Lei nº 226/2008, de 20 de Novembro, o *solicitador de execução* a que alude o artigo 9º, nº 7, do NRAU, deverá considerar-se substituído pelo actual *agente de execução*.

e cópia dos documentos que a acompanham, devendo o mesmo assinar o original.

Por vezes, verifica-se a circunstância de o inquilino, ao aperceber-se das tentativas efectuadas com vista à sua notificação, conseguir furtar-se ao respectivo contacto ou, quando interceptado, recusar assinar o original da comunicação que lhe é exibida.

Não sendo possível o contacto directo com o inquilino[121], entendemos não estarem reunidos os pressupostos necessários para que o senhorio possa instaurar a acção executiva com base no referido preceito legal.

Para o referido efeito, afiguram-se-nos pertinentes as considerações de Maria Olinda Garcia[122], no sentido de que *o artigo 9º prevê três modos diferentes de comunicação entre as partes. Dois desses modos de comunicação são gerais, ou seja, valem, potencialmente, para todas as hipóteses de comunicação entre as partes. São eles: a carta registada com aviso de recepção, prevista no nº 1; e a entrega em mão com cópia assinada pelo destinatário, prevista no nº 6. O terceiro modo de comunicação encontra-se previsto no nº 7 e tem um âmbito de aplicação limitado, pois vale apenas para efeitos de resolução do contrato, nos termos do artigo 1084º, nº 1, do CC. Nesta hipótese, pelas especiais razões de certeza e segurança inerentes a uma comunicação destinada a resolver o contrato, a comunicação é feita mediante notificação judicial avulsa ou por contacto pessoal com o notificado através de advogado ou solicitador de execução.*

No que respeita à recusa do arrendatário em assinar o original da comunicação, pensamos nada obstar a que o advogado ou solicitador faça intervir duas testemunhas, atestando a referida circunstância, em termos semelhantes aos previstos no artigo 51º, do Código do Notariado[123].

Finalmente, não deverá ainda ignorar-se que a acção executiva fundada na aludida comunicação só poderá ser instaurada depois de decorridos três meses a contar da data em que a notificação foi efectuada, uma vez que a referida resolução ficará sem efeito se o inquilino, dentro do

---

[121] Devendo entender-se que no âmbito da respectiva notificação está afastada a possibilidade de a comunicação poder ser efectuada com recurso à notificação com hora certa ou por afixação de nota na porta, por aplicação do disposto no artigo 240º (cfr. nesse sentido o acórdão da Relação de Lisboa de 12/12/2008 (Tomé Gomes), disponível na base de dados do ITIJ).

[122] A Nova Disciplina do Arrendamento Urbano, Coimbra Editora, 2006, p. 92.

[123] Cfr. nesse sentido, Laurinda Gemas, Albertina Pedroso e João Caldeira Jorge, *ob. cit.* p. 30.

aludido prazo, puser termo à mora, pagando as rendas, encargos ou despesas e a indemnização correspondente a 50% do que for devido (artigos 1041º, nº 1, 1042º, nº 1 e 1084º, nº 3, do Código Civil)[124].

Relativamente à acção executiva destinada ao pagamento de rendas, o formalismo da comunicação não tem o mesmo grau de exigência do previsto para a resolução do contrato, impondo-se apenas que ao arrendatário seja comunicado o montante em dívida a efectuar por meio de carta registada com aviso de recepção, considerando-se a comunicação efectuada mesmo que a carta seja recebida por terceira pessoa ou seja devolvida por ter sido recusada ou não ter sido levantada, devendo neste caso ser remetida nova carta decorridos que sejam 30 a 60 sobre a data de envio da primeira carta.

Verifica-se, com bastante frequência que, para além do montante indicado na comunicação efectuada ao arrendatário, o exequente liquida no requerimento executivo também o montante das rendas que se venceram posteriormente à comunicação.

Estamos em crer que essa prática resultará do facto de o título executivo formado nos termos do artigo 15º, nº 2, do NRAU ser ainda relativamente recente e na prática judiciária anterior, com recurso obrigatório à acção declarativa de condenação, o pedido formulado consistir invariavelmente na condenação do réu no pagamento das rendas vencidas e vincendas.

Porém, estamos em crer que o legislador, ao permitir a instauração da acção executiva para pagamento de rendas com base no conjunto de documentos referidos no citado normativo, não quis criar um título executivo aberto, uma vez que impôs ao senhorio a demonstração de ter efectuado a comunicação ao arrendatário do *montante em dívida*. Assim, deverá entender-se que só relativamente a este montante disporá o exequente de título executivo.

---

[124] Tudo indica estar a formar-se jurisprudência no sentido de que o inquilino poderá ainda por termo à mora até ao termo do prazo previsto para a oposição à execução, pagando apenas as rendas e despesas cujo montante lhe tenha sido comunicado pelo senhorio através da notificação avulsa e da correspondente indemnização, não sendo consideradas as rendas e despesas vencidas posteriormente a essa comunicação (cfr. nesse sentido, o acórdão da Relação do Porto de 24/05/2010 (Maria Adelaide Domingos), disponível na base de dados do ITIJ).

As funções do agente de execução

É certo que, enquanto a execução estiver pendente, o exequente poderá lançar mão da cumulação sucessiva prevista no artigo 54º, mas para que o título executivo preencha os requisitos previstos no citado normativo, terá de demonstrar a notificação do arrendatário relativamente às rendas que pretenda cumular.

A execução destinada ao pagamento das rendas em falta, também poderá ser intentada contra os fiadores apesar de o artigo 15º, nº 2, do NRAU apenas fazer referência ao arrendatário, tudo indicando estar a formar-se jurisprudência consistente no sentido de, relativamente àqueles, não ser necessária a prévia interpelação comunicando o montante em dívida[125-126].

4.1.5 A dúvida sobre a suficiência do título ou da interpelação

Após as alterações de 2008, passou a prever-se no artigo 812º-D, alínea e) que o agente de execução, para quem foi transferida a incumbência de proceder à primeira análise dos títulos dados à execução, deverá suscitar a intervenção do juiz quando duvidar da suficiência destes ou da interpelação ou notificação do devedor.

Antevendo as dificuldades que poderão colocar-se aos agentes de execução na delimitação do que poderá fundamentar a opção de recusa do requerimento executivo ou de remessa do processo ao juiz para despacho liminar, esta com fundamento na dúvida sobre a suficiência do título executivo, optámos por abordar as duas questões em conjunto aquando da análise daquela primeira opção, pelo que, nesta parte, para lá remetemos.

Relativamente à dúvida decorrente da falta ou suficiência da interpelação ou notificação do devedor, afigura-se-nos que o agente de execução deverá, num primeiro momento, verificar se essa interpelação ou notificação era necessária por força da lei ou do contrato para a exigibilidade da obrigação exequenda e, num segundo momento, tendo havido interpelação ou notificação, averiguar se a mesma foi efectuada segundo os formalismos estabelecidos na lei ou no contrato. Na dúvida sobre a refe-

---

[125] Cfr. os acórdãos da Relação do Porto de 12/05/2009 (Guerra Banha), de 6/10/2009 (Henrique Antunes) e de 4/05/2010 (Rodrigues Pires) e da Relação de Lisboa de 12/12/2008 (Tomé Gomes), todos disponíveis na base de dados do ITIJ.

[126] Em sentido contrário, sustentando que a comunicação também deverá ser efectuada aos fiadores, cfr. Laurinda Gemas, Albertina Pedroso e João Caldeira Jorge, ob. cit. p. 52.

A FASE PRELIMINAR DO PROCESSO EXECUTIVO

rida falta ou suficiência, deverá o agente de execução remeter o processo ao juiz para despacho liminar.

No que respeita à eventual dúvida relacionada com a suficiência dos títulos, afigura-se-nos desde logo relevante salientar que, em conformidade com o estatuído no artigo 45º, nº 1, *toda a execução tem por base um título, pelo qual se determinam o fim e os limites da acção executiva*, estabelecendo-se no seu nº 2 que *o fim da execução, para efeito do processo aplicável, pode consistir no pagamento de quantia certa, na entrega de coisa certa ou na prestação de um facto, quer positivo, quer negativo.*

Da referida norma resultam, com meridiana clareza, duas circunstâncias com relevância fundamental na tramitação da acção executiva.

A primeira, no sentido de que não há execução sem título, o que significa que ninguém poderá ser demandado em processo executivo se o demandante não estiver previamente munido de um documento relativamente ao qual o ordenamento jurídico reconheça força executiva.

E, a segunda, traduz-se no facto de a exigência feita ao executado dever estar contida no título, não podendo ir além dele[127], a não ser em duas circunstâncias muito concretas: os juros moratórios (artigo 46º, nº 2) e a sanção pecuniária compulsória[128] (artigo 829º-A, do Código Civil).

*

Considerando a relevância que o primeiro exame dos documentos dados à execução assume na fase inicial da acção executiva, faremos em seguida uma breve análise de cada um dos títulos executivos previstos no artigo 46º, nº 1[129], privilegiando as circunstâncias que o agente de execução deverá observar, desde já se salientando que acompanhamos o enten-

---

[127] Mas poderá ser pedido menos, designadamente pelo facto de a obrigação ter sido parcialmente cumprida.

[128] A este respeito convirá ter presente que, no âmbito da acção executiva, a sanção pecuniária compulsória, não resultando directamente do título, só poderá ser aplicada quando a obrigação consistir no pagamento de uma certa quantia em dinheiro (artigo 829º-A, nº 4, do Código Civil) e nas execuções para prestação de facto infungível (nos casos em que a obrigação não pode ser executada por terceiro), sendo que, neste último caso, deverá o juiz fixar o seu montante no próprio processo de execução (artigo 933º, nº 1, conjugado com o disposto no artigo 829º-A, nº 1, do Código Civil).

[129] Para Miguel Teixeira de Sousa (A Reforma da Acção Executiva, Lex, Lisboa, 2004, p. 69), *há que ter presente que, no actual processo civil português, deve ser considerada uma tripar-*

AS FUNÇÕES DO AGENTE DE EXECUÇÃO

dimento de que a sua enumeração deverá considerar-se *imperativamente restritiva*[130-131-132].

*

O primeiro dos títulos executivos previstos no mencionado normativo refere-se às sentenças condenatórias[133], o que pressupõe a existência de um processo anterior no âmbito do qual foi proferida uma decisão de condenação[134], podendo esta ocorrer em processos tramitados pelo tribunal cível, laboral, criminal e julgados de paz[135] ou decorrer de decisão arbitral[136].

Nos casos em que a execução não corra por apenso ao processo onde foi proferida a sentença condenatória, será emitido um traslado (artigo 90º, nº 3), do qual deverá constar, para que a sentença possa ser desde logo executada, a certificação do trânsito em julgado ou, em alternativa, ter sido interposto recurso admitido com efeito meramente devolutivo (artigo 47º, nº 1).

Se o demandado tiver sido condenado no que vier a ser posteriormente liquidado nos termos do artigo 661º, nº 2, e a liquidação não depender de simples cálculo aritmético, a sentença só constitui título executivo

---

tição dos títulos executivos que os distingue em títulos judiciais, títulos de formação judicial e títulos extrajudiciais.

[130] Cfr. António Montalvão Machado e Paulo Pimenta, *O Novo Processo Civil*, 11ª edição, Almedina, Coimbra, 2009, p. 46.

[131] Para João Paulo Remédio Marques (*Curso de Processo Executivo Comum à Face do Código Revisto*, Almedina, Coimbra, 2000, p. 54), o regime do artigo 46º parece apontar para uma *tipicidade taxativa* dos títulos executivos.

[132] No sentido de que o principio decorrente do disposto no artigo 46º revela o afastamento, nesta matéria, da mera consensualidade, cfr. António Santos Abrantes Geraldes, *Títulos Executivos*, Themis, nº 7, cit. p. 38.

[133] Quanto ao alcance da expressão "sentenças condenatórias", cfr. João Paulo Remédio Marques, *Curso de Processo Executivo Comum à Face do Código Revisto*, cit. pp. 55-65.

[134] As decisões proferidas no âmbito das acções declarativas de simples apreciação e as constitutivas, previstas no artigo 4º, nº 2, alíneas a) e c), respectivamente, poderão dar lugar à instauração de acções executivas, na medida em que contenham uma qualquer condenação, nomeadamente em custas, multa ou indemnização por litigância de má fé.

[135] Sentenças ou decisões homologatórias de acordo (artigos 56º, nº 1 e 61º, da Lei nº 78/2001, de 13 de Julho).

[136] Para efeito de exequibilidade, os despachos condenatórios e as decisões arbitrais são equiparados às sentenças (cfr. artigo 48º, n.os 1 e 2).

após a liquidação efectuada no próprio processo declarativo onde foi proferida[137], sem prejuízo da imediata exequibilidade da parte que seja líquida e do disposto no nº 6 do artigo 805º.

Sendo o traslado omisso quanto ao trânsito em julgado da sentença ou não resultando do mesmo que o recurso interposto foi admitido com efeito meramente devolutivo[138] (artigo 47º, nº 1) e ainda no caso de a liquidação não depender de simples cálculo aritmético, o agente de execução deverá suscitar a intervenção do juiz, nos termos do artigo 812º-D, alínea e).

Com as alterações de 2008, foi introduzido o artigo 675º-A, permitindo-se a execução imediata da sentença nos casos em que o autor tenha manifestado na petição inicial ou em qualquer momento do processo declarativo, a vontade de executar judicialmente a sentença, estando esta modalidade apenas prevista para as execuções destinadas ao pagamento de quantia certa. Neste caso, deverá o autor/exequente, aquando da referida declaração, indicar o agente de execução, podendo ainda nomear bens à penhora.

Em face do que resulta do disposto no artigo 675º-A, nº 2, deverá entender-se que o início da referida execução está dependente do trânsito em julgado da sentença, não sendo possível nesta modalidade a exequibilidade provisória prevista no artigo 47º, nº 1, parte final, sendo ainda facultada ao autor/exequente a possibilidade de declarar que apenas pretende o início da execução depois de decorridos 20 dias após o trânsito em julgado da sentença.

A acção executiva iniciada nos termos previstos no mencionado normativo correrá por apenso ou no traslado, tal como as demais execuções fundadas em sentença, apenas com a particularidade de, na modalidade aqui analisada, não ser exigível ao autor/exequente qualquer outra acti-

---

[137] A liquidação é efectuada no processo declarativo, com a consequente renovação da instância extinta (artigo 378º, nº 2) se a sentença tiver sido proferida depois de 15 de Setembro de 2003 (artigo 21º, nº 1, do Decreto-Lei nº 38/2003, de 8 de Março). No caso de ter sido proferida antes dessa data, o incidente de liquidação deverá ser processado na própria acção executiva nos termos previstos nos artigos 806º e 807º, na redacção anterior à publicação do mencionado diploma.

[138] Se a execução correr por apenso à acção declarativa onde foi proferida a sentença exequenda, deverá o agente de execução obter as pertinentes informações junto da respectiva secretaria judicial.

vidade, a não ser o pagamento da taxa de justiça devida (artigo 48º, nº 3, alínea b) da Portaria nº 331-B/2008, de 30 de Março).

Para além das sentenças ou decisões arbitrais proferidas em território nacional a que anteriormente nos referimos, convém ainda salientar que também as sentenças proferidas por tribunais ou por árbitros em país estrangeiro poderão servir de base à execução, estas, porém, depois de serem revistas e confirmadas pelo respectivo tribunal da Relação (artigos 49º e 1094º).

No que concerne ao direito comunitário, pela elevada probabilidade da instauração de execuções fundadas em título executivo formado em países integrantes da União Europeia, importa especialmente considerar o que resulta do Regulamento (CE) 44/2001[139], do Conselho de 22 de Dezembro de 2000, relativo à competência judiciária e ao reconhecimento e à execução de decisões em matéria civil e comercial, estabelecendo-se que as decisões proferidas num Estado-Membro são reconhecidas nos demais Estados-Membros, sem necessidade de recurso a outro processo, salvo em caso de impugnação.

Nos termos do referido Regulamento, por «decisão» deve entender-se qualquer decisão proferida por um tribunal de um Estado-Membro, independentemente da designação que lhe for dada: acórdão, sentença, despacho judicial ou mandado de execução.

A declaração de executoriedade de uma decisão deve ser emitida após um simples controlo formal dos documentos fornecidos, sem que os tribunais possam invocar automaticamente um dos motivos de não execução previstos pelo Regulamento.

O Regulamento não abrange as matérias fiscais, aduaneiras ou administrativas, nem as relacionadas com o estado e a capacidade das pessoas singulares, os regimes matrimoniais, os testamentos e as sucessões, as falências, a segurança social e a arbitragem.

Também poderão ser instauradas execuções ao abrigo do Regulamento (CE) 805/2004, do Parlamento Europeu e do Conselho, de 21 de Abril de 2004, que criou o Título Executivo Europeu em matéria civil e comercial para créditos não contestados.

---

[139] Alterado pelo Regulamento (EU) nº 416/2010 da Comissão, de 12 de Maio de 2010, mas apenas quanto aos anexos I, II e III.

A FASE PRELIMINAR DO PROCESSO EXECUTIVO

No que respeita ao seu âmbito de aplicação, como salienta Paula Costa e Silva[140], é notória a semelhança de redacção do artigo 2º do Regulamento (CE) 805/2004 e do artigo 1º do Regulamento (CE) 44/2001.

Em conformidade com o disposto no artigo 3º, nº 1, do Regulamento (CE) 805/2004, poderão ser certificados como títulos executivos europeus as decisões judiciais, as transacções judiciais e os instrumentos autênticos.

Por decisões judiciais deverão entender-se as que forem proferidas por órgãos jurisdicionais de Estados-Membros, independentemente da natureza da jurisdição, bem como os actos de fixação das custas dos processos pelo secretário judicial.

As transacções poderão ser certificadas se tiverem sido homologadas ou celebradas judicialmente, não sendo o Regulamento aplicável às transacções extrajudiciais ou às não judicialmente homologadas.

Por sua vez, consideram-se instrumentos autênticos os que forem exarados ou registados como tal, podendo os mesmos ser certificados com a referida finalidade desde que a autenticidade se estenda ao conteúdo e à assinatura do documento e o acto haja sido praticado no âmbito das competências da autoridade competente.

A certificação de uma decisão como título executivo europeu no Estado-Membro de origem, tem como consequência a supressão do exequator, pelo que a mesma será reconhecida e executada nos outros Estados-Membros sem necessidade de declaração da executoriedade ou contestação do seu reconhecimento.

Os requisitos da certificação encontram-se previstos no artigo 6º do referido Regulamento, devendo a mesma ser emitida utilizando o formulário-tipo constante do Anexo I.

*

Os documentos elaborados ou autenticados por notário[141] ou por outras entidades ou profissionais com competência para tal[142], também

---

[140] O Título Executivo Europeu, Coimbra Editora, 2005, p. 9.

[141] A distinção entre documentos autênticos e particulares, podendo estes ser autenticados, encontra-se no artigo 363º, do Código Civil.

[142] Quanto às competências para o reconhecimento de assinaturas e a autenticação e tradução de documentos, cfr. os Decretos-Lei n.os 28/2000, de 13 de Março e 237/2001, de 30 de Agosto e o artigo 38º, do Decreto-Lei nº 76-A/2006, de 29 de Março, este regula-

AS FUNCÕES DO AGENTE DE EXECUÇÃO

podem servir de base à execução desde que importem constituição ou reconhecimento de qualquer obrigação (artigo 46º, nº 1, alínea b))[143].

Tratando-se de obrigações futuras ou prevendo-se a sua constituição, os referidos documentos também poderão fundamentar a execução, desde que se prove, por documento passado em conformidade com as cláusulas deles constantes ou, sendo aqueles omissos, revestido de força executiva própria, que alguma prestação foi realizada para conclusão do negócio ou que alguma obrigação foi constituída na sequência da previsão das partes (artigo 50º).

A este respeito, como observa João Paulo Remédio Marques[144], o que no artigo 50º estará em causa será *a exequibilidade de documentos autênticos ou autenticados que – decorrendo deles já obrigações, a cargo de uma ou das duas partes – documentam contratos, que, para além das declarações de vontade, exigem, como requisito constitutivo, a tradição ou entrega (real ou simbólica) de coisas (v. g., emergente de contrato de comodato, penhor, mútuo, depósito, reporte mercantil, abertura de crédito, garantia bancária à primeira solicitação, contrato de factoring). Em todos eles, a exequibilidade do documento fica dependente da apresentação de outro documento, passado em conformidade com as cláusulas daquele ou, em alternativa – sendo o primeiro omisso – da apresentação de um outro documento (particular) revestido de força executiva própria, que prove que alguma prestação (v. g., depósito na conta bancária do beneficiário de uma abertura de crédito, de uma quantia por ele solicitada ao banco) foi realizada para a conclusão do negócio ou que alguma obrigação foi contraída na sequência da previsão das partes.*

---

mentado pela Portaria nº 657-B/2006, de 29 de Junho. Neste particular afigura-se-nos relevante salientar que, em nosso entendimento, muito embora se admita que os profissionais referidos nos mencionados diplomas possam certificar uma sentença a partir de um traslado integral emitido pela respectiva secretaria judicial, já entendemos que os mesmos não dispõem de competência para a emissão do próprio traslado, uma vez que, se outros obstáculos não houvesse, a certificação do trânsito em julgado é da exclusiva competência dos funcionários judiciais.

[143] Para efeito de exequibilidade, a referida norma não distigue os documentos autênticos ou autenticados por notário, previstos no artigo 35º, do Código do Notariado, publicado pelo Decreto-Lei nº 207/95, de 14 de Agosto, dos documentos particulares autenticados por outras entidades ou profissionais com competência para o efeito. A distinção assume especial relevância para efeitos probatórios (artigos 371º, 376º e 377º, do Código Civil), que aqui não analisaremos por exceder o âmbito deste trabalho.

[144] *Curso de Processo Executivo Comum à Face do Código Revisto*, cit. p. 68.

*

No que concerne aos documentos particulares previstos no artigo 46º, nº 1, alínea c), actualmente, com a ressalva dos escritos com assinatura a rogo, em que se exige o reconhecimento notarial ou de outras entidades ou profissionais com competência para tal (artigo 51º), todos os que contenham (alegadamente) a assinatura do devedor e importem a constituição ou o reconhecimento de obrigações pecuniárias determinadas ou determináveis por simples cálculo aritmético de acordo com as cláusulas constantes desses documentos, ou de obrigação de entrega ou de prestação de facto, poderão servir de base à execução sem necessidade de requisitos adicionais.

É claro que, muito embora os requisitos de exequibilidade sejam iguais para todos, convém não esquecer que existem documentos particulares com características especiais que dispensam o seu portador de formalismos a que os outros estão sujeitos, como sucede nas letras, livranças[145] e cheques[146], quando estes sejam dados à execução exclusivamente na sua vertente cambiária.

Uma vez que as letras, livranças e cheques constituem a maioria dos documentos particulares dados à execução e considerando algumas dúvidas que se têm verificado na prática judiciária, pensamos ser relevante no âmbito da actividade do agente de execução salientar aqui algumas das características especiais desses títulos e as vicissitudes que, por vezes, apresentam e que os impedem de servir de base à execução, no caso de serem apresentados apenas na referida qualidade.

As letras e livranças têm tratamento idêntico na respectiva Lei Uniforme, pelo que as abordaremos aqui sem qualquer distinção, deixando as considerações sobre o cheque para um momento posterior.

Neste particular, a primeira dúvida que poderá surgir ao agente de execução ao receber o requerimento executivo acompanhado de uma letra ou livrança, está relacionada com os dizeres que as mesmas têm necessa-

---

[145] Por força do que resulta das Convenções de Genebra, de 7 de Junho de 1930, aprovadas pelo Decreto 23 721, de 29 de Março de 1934 (na dúvida quanto à data do início de vigência em Portugal, em 30 de Abril de 1956, foi publicado o Decreto 26 556, o qual estabeleceu no seu artigo 1º que as mesmas passaram a vigorar como direito interno português a partir de 8 de Setembro de 1934).

[146] A Lei Uniforme Sobre o Cheque resulta da Convenção assinada em Genebra em 19 de Março de 1931, tendo sido também aprovada pelo Decreto 23 721, de 29 de Março de 1934.

riamente de conter para que possam ser havidas como títulos executivos para efeitos do disposto no artigo 46º, nº 1, alínea c).

Pela análise da parte do requerimento executivo destinada à exposição dos factos, o agente de execução ficará desde logo a saber se o exequente deu o título à execução apenas na sua vertente cambiária ou se como simples quirógrafo da obrigação subjacente.

Na primeira hipótese, atendendo às características desses títulos e que se traduzem nos princípios da incorporação da obrigação no título (a obrigação e o título constituem uma unidade); literalidade da obrigação (a reconstituição da obrigação faz-se pela simples inspecção do título); abstracção da obrigação (a letra ou a livrança é independente da "causa debendi"); independência recíproca das várias obrigações incorporadas no título (a nulidade de uma das obrigações que a lei incorpora não se comunica às demais); e autonomia do direito do portador (o portador é considerado credor originário)[147], o exequente nada tem de alegar.

Na síntese de Jorge Pinto Furtado[148] *o exercício do direito cartular depende unicamente da posse do título que o incorpora, é um direito autónomo dos direitos precedentes, imune às investidas dos meios de defesa que a eles possam opor-se. A autonomia do direito complementa, por conseguinte, de modo muito relevante e eficaz, a literalidade do título na caracterização do regime cambiário.*

Assim, se o documento é dado à execução na sua veste cartular, o agente de execução deverá proceder ao exame do mesmo e verificar se contém todos os requisitos previstos nos artigos 1º (letra) e 75º (livrança) da Lei Uniforme Sobre Letras e Livranças.

Na falta de algum dos referidos elementos, o agente de execução deverá verificar se o mesmo faz parte das excepções referidas nos parágrafos segundo a quarto dos artigos 2º (no caso da letra) ou 76º (no caso da livrança) da referida Lei Uniforme e, não constando o elemento em falta do elenco das mencionadas excepções, designadamente, faltando no documento a palavra "letra" ou "livrança", consoante o caso, a data da sua emissão, o nome da pessoa a quem ou à ordem de quem deve ser paga e a assinatura do sacador (na letra) ou do subscritor (na livrança),

---

[147] Cfr. Abel Delgado, *Lei Uniforme Sobre Letras e Livranças Anotada*, 7ª Edição, 1996, Livraria Petrony, Lda, pp. 197-108.

[148] *Títulos de Crédito, Letra-Livrança-Cheque, Almedina, 2000, p. 42.*

o documento não poderá valer como letra ou livrança e, nesse caso, não poderá ser havido como título executivo.

No que respeita à data de emissão da letra ou da livrança, justificando a sua necessidade, Ferrer Correia[149] salienta que *a exigência da data destina-se a determinar, através da letra, a capacidade do subscritor no momento da emissão; e nas letras que se vencem a certo termo de data, serve esta, também, para determinar o seu vencimento.*

Relativamente à omissão do nome do tomador da letra ou da livrança, como foi salientado no acórdão do Supremo Tribunal de Justiça de 18/06/2002 (Ribeiro Coelho)[150], *não produz efeito como letra aquela de que não consta o nome da pessoa a quem deve ser paga (artigo 1º, nº 6 e 2º da LULL); a falta desta menção não pode ser suprida mediante invocação subjacente. Tal letra não importa, nos seus precisos termos, a constituição ou o reconhecimento de uma obrigação pecuniária, nos termos do artigo 46º, alínea c), do Código de Processo Civil, sendo inexequível.*

Não faltando do documento nenhum dos referidos elementos essenciais, impõe-se ao agente de execução uma segunda análise do título para verificar se do mesmo consta alguma manifestação de aval, no caso de terem sido demandadas, como executados, outras pessoas para além do sacado/aceitante (no caso da letra) ou do subscritor (no caso da livrança).

A intenção de aval poderá ser manifestada pela simples aposição da assinatura na face anterior (parte da frente) da letra ou da livrança, pelo que qualquer assinatura aposta nessa face do título que não seja do sacado/aceitante ou do sacador (na letra) ou do subscritor (na livrança) deverá ser considerada como manifestação de aval.

Uma outra forma de manifestação de aval exprime-se pelas palavras "bom para aval" ou por qualquer fórmula equivalente, seguida da respectiva assinatura. Neste particular importa ter presente que a simples aposição da assinatura na face posterior (verso) da letra ou da livrança, sem qualquer outra indicação, não poderá ser havida como válida para efeito de aval[151].

---

[149] Lições de Direito Comercial, volume III, Letra de Câmbio, Coimbra, 1966, p. 111.
[150] Colectânea de Jurisprudência dos Acórdãos do Supremo Tribunal de Justiça, Ano X, Tomo II, p. 113.
[151] Cfr. nesse sentido, o acórdão do Supremo Tribunal de Justiça de 12/01/2010 (Azevedo Ramos), disponível na base de dados do ITIJ.

Poderá dar-se o caso de, no momento da instauração da acção executiva, o respectivo direito de acção se encontrar prescrito por ter decorrido o prazo[152] previsto no artigo 70º, da Lei Uniforme Sobre Letras e Livranças, aplicável às livranças por força do disposto no artigo 77º, do mesmo diploma.

Essa circunstância, porém, não deverá levar o agente de execução a tomar qualquer iniciativa, nomeadamente a apresentar o processo ao juiz para despacho liminar se não houver outra razão para isso, uma vez que a prescrição não poderá ser decretada oficiosamente, estando vedado ao tribunal conhecer da mesma sem que tenha sido invocada por aquele a quem aproveita (artigo 303º, do Código Civil).

No caso de o exequente, antecipando a eventual prescrição do direito de acção, apresentar os referidos documentos à execução como meros quirógrafos, deverá alegar no requerimento executivo a relação subjacente e justificar o respectivo pedido, sendo que, neste caso, só o poderá fazer se o documento ainda estiver nas relações imediatas (credor e devedor originários) e, mesmo neste caso, só poderá demandar o sacado/aceitante (na letra) ou o subscritor (na livrança), estando-lhe vedada a inclusão no requerimento executivo dos demais assinantes do documento, dado que as relações de "aval" e de "endosso" só têm existência no âmbito da relação cambiária.

No que respeita ao cheque, ao qual se aplicam a quase totalidade das considerações antecedentes, apenas importará salientar que não reúne os requisitos previstos no artigo 1º da Lei Uniforme Sobre Cheques, se o documento não contiver a palavra "cheque"; se faltar o nome de quem deve pagar (sacado); a indicação da data em que o cheque é passado e a assinatura de quem passa o cheque (sacador).

O cheque é pagável à vista e deverá ser apresentado a pagamento, dentro do próprio país, no prazo de oito dias (artigos 28º e 29º, da referida Lei Uniforme), prescrevendo a acção do portador contra o sacador, endossantes e demais co-obrigados, decorridos que sejam seis meses, contados do termo do prazo de apresentação (artigo 52º, do citado diploma).

---

[152] De três anos para o aceitante/subscritor ou seu avalista, um ano para as acções do portador contra os endossantes e contra o sacador ou de seis meses das acções dos endossantes uns contra os outros e contra o sacador.

Após a prescrição do respectivo direito de acção, o cheque ainda poderá ser dado à execução como mero quirógrafo, existindo a este respeito três correntes jurisprudenciais, duas com reduzida representação, uma delas no sentido de que o cheque, depois de prescrito, poderá ser apresentado à execução sem necessidade de alegação da obrigação subjacente e, outra, em sentido contrário, afastando a possibilidade de o cheque poder servir de base à execução, mesmo com invocação da relação fundamental.

A corrente jurisprudencial mais significativa, acompanhando a generalidade da doutrina, sustenta que o cheque prescrito só poderá servir de base à execução, desde que o exequente alegue no requerimento executivo a respectiva relação subjacente.

De qualquer modo, como deixámos já salientado a propósito das letras e livranças, não podendo a prescrição ser conhecida oficiosamente, só depois de citado o executado e se este, em oposição à execução, invocar a respectiva excepção de prescrição poderá o tribunal avaliar da sua relevância.

Nos casos em que o exequente pretenda prevalecer-se da relação subjacente, alegando no requerimento executivo a respectiva factualidade, refere José Lebre de Freitas[153] haver *que distinguir consoante a obrigação a que se reportam emirja ou não dum negócio jurídico formal. No primeiro caso, uma vez que a causa do negócio jurídico é um elemento essencial deste, o documento não constitui título executivo (artigos 221º, nº 1 e 223º, nº 1, do Código Civil).*

Seguindo-se o referido entendimento[154], a falta de título executivo aludida nas antecedentes considerações ficará evidenciada nos casos em que, em face do texto do documento dado à execução ou da exposição dos factos constantes do requerimento executivo, se conclua desde

---

[153] A Acção Executiva Depois da Reforma da Reforma, cit. pp.62-63.

[154] Com significativo acolhimento jurisprudencial, citando-se a título exemplificativo os acórdãos do Supremo Tribunal de Justiça de 22/05/2001 (Silva Graça), 9/03/2004 (Araújo de Barros) e 28/04/2009 (Serra Batista), todos disponíveis na base de dados do ITIJ, o primeiro apenas sumariado.

AS FUNÇÕES DO AGENTE DE EXECUÇÃO

logo estarmos em presença de um contrato de mútuo[155] que, atendendo ao seu valor[156], deveria ter sido sujeito a escritura pública[157].

Em sentido contrário, João Paulo Remédio Marques[158-159], considera que *uma vez que existam elementos no requerimento executivo e nos documentos que o acompanham susceptíveis de determinar o conhecimento oficioso dessa invalidade formal (...) o juiz deve mandar seguir a execução para o efeito de pagamento do capital mutuado, visto que esse documento importou na constituição de obrigações pecuniárias (...) ou no reconhecimento das mesmas (...); quanto às quantias atinentes aos juros convencionados, o referido título é inexequível[160-161].*

---

[155] Neste contexto, importa ter presente que, como foi salientado no acórdão da Relação do Porto de 29/11/2006 (Madeira Pinto), disponível na base de dados do ITIJ, *o mútuo realizado através de uma operação de crédito bancário está sujeito ao regime legal dos artigos 362º e 263º Código Comercial, ao Regime Geral das Instituições de Crédito e Sociedades Financeiras aprovado pelo Decreto-Lei nº 298/92, de 31.12, alterado pelo Decreto-Lei nº 201/2002, de 26.09 e ao Decreto--Lei nº 32 765, de 29.04.1943, sendo-lhe aplicáveis subsidiariamente as disposições do contrato de mútuo previstas nos artigos 1142º e seguintes do Código Civil. O artigo único do Decreto-Lei nº 32 765, de 29/04/1943, determina que os contratos de mútuo, seja qual for o seu valor, quando feitos por estabelecimentos bancários autorizados, possam provar-se por escrito particular, ainda mesmo que a outra parte não seja comerciante.*

[156] No que respeita ao valor do contrato de mútuo impondo-se a sua celebração mediante escritura pública, interessa ter presente que o artigo 1143º do Código Civil, foi objecto de diversas alterações, fixando-se sucessivamente os montantes de 200.000$00 (Decreto--Lei nº 190/85, de 24 de Junho); 3.000.000$00 (Decreto-Lei nº 163/95, de 13 de Julho); € 20.000,00 (Decreto-Lei nº 343/98, de 16 de Novembro) e € 25.000,00 (Decreto-Lei nº 116/2008, de 4 de Julho), sendo necessário conjugar a data da celebração do contrato com o diploma que nessa altura se encontrava em vigor.

[157] Para a finalidade de que agora nos ocupamos, no âmbito da acção executiva não tem qualquer utilidade a indicação dos valores a partir dos quais o contrato de mútuo fica sujeito à forma escrita, com assinatura do mutuário, uma vez que, atendendo ao estatuído no artigo 45º, nº 1, não poderá ser instaurada acção executiva se não existir um documento que lhe sirva de base.

[158] *Curso de Processo Executivo Comum à Face do Código Revisto*, cit. p. 50.

[159] Para maiores desenvolvimentos sobre a posição do mesmo Autor quanto à questão em análise, cfr. *A Exequibilidade do Título e a Exequibilidade das Obrigações Pecuniárias Exequendas Inválidas por Vício de Forma*. Lusíada, Revista de Ciência e Cultura, Série de Direito, 1999, n.os 1 e 2, pp. 131-148.

[160] No sentido propugnado pelo mencionado Autor, cfr. os acórdãos do Supremo Tribunal de Justiça de 19/02/2009 (Pires da Rosa) e 13/07/2010 (João Camilo), disponíveis na base de dados do ITIJ).

[161] Resumindo as posições doutrinais e jurisprudenciais sobre a referida questão, cfr. José Lebre de Freitas, *A Acção Executiva Depois da Reforma*, cit. p. 35-nota 2.

*

Finalmente, dos títulos executivos decorrentes de disposição especial previstos no artigo 46º, nº 1, alínea d), salientaremos apenas os formados com base em requerimento de injunção previsto no Decreto-Lei nº 269/98, de 1 de Setembro e os resultantes do incumprimento da penhora de créditos previsto no artigo 860º, nº 3, por serem os que, com maior frequência, dão lugar à instauração de execuções[162], dispensando-nos de tecer quaisquer considerações quanto aos baseados nas actas de reunião das assembleias de condóminos (artigo 6º, do Decreto-Lei nº 268/94, de 25 de Outubro) ou os relacionados com a resolução ou denúncia do contrato de arrendamento ou decorrentes da falta de pagamento de rendas (artigo 15º, do NRAU), dado os mesmos terem sido já objecto de análise.

O número de execuções baseadas em requerimento de injunção previsto no artigo 7º e seguintes do Regime anexo ao Decreto-Lei nº 269/98, de 1 de Setembro), teve um forte crescimento, principalmente depois da alteração do artigo 814º, nº 2, publicada pelo Decreto-Lei nº 226/2008, de 20 de Novembro, equiparando-o à sentença no que concerne aos fundamentos para a dedução de oposição.

A respeito da referida equiparação da injunção à sentença, José Lebre de Freitas[163] sustenta que *dada a natureza não jurisdicional do processo de injunção, a menor garantia que o devedor encontra na notificação que nele lhe é efectuada, maxime quando a notificação é dirigida, por carta simples, para o domicílio convencionado (art. 12-A, do DL 269/98, de 1 de Setembro), e o facto de a formação do título prescindir de qualquer juízo de adequação do montante da dívida aos factos em que ela se fundaria, a equiparação, ao impedir a oposição à execução fundada na inexistência da dívida à data da injunção, é inconstitucional, por violar o direito de defesa. Para salvar o preceito, há que, na adaptação a fazer, circunscrevê-lo de tal modo que ele se aplique apenas nos casos em que o devedor, na execução, se conforme com a diminuição de garantias registada no anterior processo de injunção – o que a muito pouco reduzirá o âmbito da equiparação.*

---

[162] Para uma análise mais aprofundada de outros títulos executivos previstos em disposição especial, cfr. José Lebre de Freitas, *A Acção Executiva Depois da Reforma*, cit. p. 63-66 e Fernando Amâncio Ferreira, *Curso de Processo de Execução*, cit. pp. 43-61.

[163] A Acção Executiva Depois da Reforma da Reforma, cit. pp. 182-183.

Por sua vez, Mariana França Gouveia[164] pronunciou-se no sentido de que *deverá entender-se que são alegáveis fundamentos que seriam de conhecimento oficioso na acção declarativa. Imaginemos um contrato com cláusulas contratuais gerais nulas por violação da legislação respectiva. Se esta acção desse entrada como acção declarativa, tal nulidade poderia ser aferida pelo juiz e determinar a absolvição do pedido. Não faz sentido que numa situação exactamente igual, a consequência se der entrada uma injunção, seja mais gravosa. Haveria aqui uma incoerência no ordenamento jurídico. Assim, julgo que é defensável a alegação em oposição à execução de fundamentos materiais de conhecimento oficioso mesmo que anteriores ao decurso do prazo para oposição à injunção. Com esta interpretação consegue-se colocar ao mesmo nível acção declarativa e procedimento de injunção no que às garantias jurisdicionais diz respeito.*

Com todo o respeito por diferente opinião, afigura-se-nos que os dois referidos entendimentos poderão ser conjugados e seguidos no seu conjunto, pelo que, para evitar a aludida inconstitucionalidade, deverá permitir-se ao executado a dedução de oposição à execução baseada em procedimento de injunção para além dos casos expressamente previstos no artigo 814º, desde que sejam alegados factos que pudessem ser conhecidos oficiosamente no âmbito da acção declarativa ou quando sejam postas em causa as garantias de defesa, nomeadamente no que se refere à notificação efectuada no âmbito do procedimento de injunção.

Mais recentemente, no acórdão da Relação do Porto de 4/05/2010 (M. Pinto dos Santos)[165], decidiu-se que à *execução baseada em requerimento de injunção a que foi aposta a fórmula executória (cujo despacho do secretário judicial foi exarado ao abrigo do DL 269/98 e antes da entrada em vigor das alterações que o DL 226/2008 introduziu ao art. 814º do CPC) o executado só pode opor os fundamentos previstos no art. 814º e não os do art. 816º, ambos do CPC. Isto porque o DL 226/2008, na parte em que alterou aquele art. 814º, quanto aos fundamentos da oposição, deve ser entendido como lei interpretativa do regime que já decorria do DL 269/98 (e não como lei inovadora).*

A fase inicial da execução instaurada com base neste título executivo não costuma levantar qualquer controvérsia, impondo-se apenas ao agente de execução que verifique se o requerimento de injunção contém a *fórmula executória* e se está devidamente assinado pelo secretário

---

[164] http://www.fd.unl.pt/docentes_docs/ma/MFG_MA_8053.pdf.
[165] Disponível na base de dados do ITIJ.

A FASE PRELIMINAR DO PROCESSO EXECUTIVO

de justiça, averiguando ainda da conformidade entre o valor do pedido inserto no requerimento de injunção e o que consta da liquidação efectuada no requerimento executivo, suscitando a intervenção do juiz em caso de desconformidade.

Um outro título executivo que com frequência dá lugar à instauração de execuções e que tem previsão em disposição especial resulta do incumprimento da penhora de créditos efectuada com o formalismo estabelecido no artigo 856º e que analisaremos com maior detalhe aquando da abordagem da penhora.

Nesta altura, porque a prática do passado revelou uma deficiente compreensão por parte de alguns agentes de execução, nomeadamente solicitando ao juiz a "reversão da execução contra o devedor", salientaremos apenas que, não sendo cumprida a obrigação, só o exequente poderá promover a execução contra o devedor, a qual terá lugar em processo executivo sujeito a distribuição autónoma[166], servindo de título a declaração de reconhecimento do devedor, a notificação efectuada e a falta de declaração ou o título de aquisição do crédito (artigo 860º, nº 3), sendo a emissão da respectiva certificação da competência do agente de execução.

4.1.6 A suspeita sobre a existência de excepções dilatórias (insupríveis) de conhecimento oficioso

A maioria das excepções dilatórias que nesta fase interessa analisar está directamente relacionada com a falta de verificação dos pressupostos processuais, havendo umas insupríveis e que inevitavelmente conduzem ao indeferimento liminar do requerimento executivo e outras que, sendo passíveis de sanação, impõem que o juiz, oficiosamente, determine a realização dos actos necessários à sua regularização (artigo 265º, nº 2).

Estamos em crer que, perdendo o juiz o poder geral de controlo do processo e passando a tramitação deste quase em exclusivo para fora da secretaria judicial, melhor fora que o legislador de 2008 tivesse optado por determinar a remessa do processo para despacho liminar em caso de suspeita da ocorrência de uma qualquer excepção dilatória e não apenas relativamente às insupríveis.

---

[166] Cfr. nesse sentido, João Paulo Remédio Marques, *A penhora de Créditos da Reforma Processual de 2003, Referência à Penhora de Depósitos Bancários*, Themis, nº 9, cit. p. 155.

AS FUNCÕES DO AGENTE DE EXECUÇÃO

De qualquer modo, apesar da opção legislativa, atribuindo-se ao agente de execução a competência para a recusa do requerimento executivo ou a remessa do processo para despacho liminar, o que pressupõe a análise de tudo quanto tenha sido apresentado, mas incumbindo ao juiz o dever de providenciar, mesmo oficiosamente, pelo suprimento da falta de pressupostos processuais susceptíveis de sanação (artigo 265º, nº 2), no caso de o agente de execução constatar a existência de uma excepção dilatória suprível, entendemos que o mesmo deverá suscitar a questão junto do juiz, com fundamento no disposto nos artigos 808º, nº 1 e 809º, nº 1, alínea d), para que sejam praticados os actos necessários à regularização da instância.

Nessa conformidade, na breve abordagem que em seguida efectuaremos, analisaremos as excepções dilatórias supríveis e insupríveis por referência aos pressupostos processuais que as poderão consubstanciar, relacionados com a incompetência do tribunal, a falta de personalidade jurídica e de capacidade judiciária e a ilegitimidade das partes e a inobservância das regras do patrocínio judiciário, relativamente aos quais, logo no início do processo, o agente de execução deverá concluir pela sua verificação.

*

A incompetência do tribunal constitui sempre uma excepção dilatória insuprível, podendo a mesma resultar da infracção das regras da competência internacional, em razão da matéria ou da hierarquia, do território, da forma do processo ou do valor da causa.

Ao receber o processo, o agente de execução deverá desde logo verificar se de acordo com as regras da competência internacional fixadas nos artigos 61º, 65º e 65º-A, o tribunal onde a acção executiva foi instaurada é competente para a sua tramitação, relevando no domínio da acção executiva a existência de tratados, convenções, regulamentos comunitários e leis especiais a que já fizemos a devida referência e a circunstância de os bens a executar estarem situados em território português.

A questão da incompetência em razão da hierarquia dificilmente se colocará no âmbito da acção executiva, uma vez que os tribunais superiores (Relações e Supremo Tribunal de Justiça) não dispõem de competência para executar as suas próprias decisões, sendo neste caso a competência atribuída ao tribunal de primeira instância correspondente ao domicílio do executado[167], baixando o traslado ou o processo declarativo ao tribunal competente para a execução (artigo 91º).

No que respeita à competência em razão da matéria, da regra geral estabelecida no artigo 103º da LOFTJ (Lei de Organização e Funcionamento dos Tribunais Judiciais)[168] resulta que cada tribunal tem competência para executar as suas próprias decisões, pelo que apenas interessa aqui analisar as excepções a essa regra e, especialmente, as que decorrem da instalação dos Juízos de Execução, realidade que começa a existir nas comarcas de maior dimensão e existirá no futuro em todas as Circunscrições Judiciais, após a extensão a todo o país da chamada reforma sobre o Mapa Judiciário.

A primitiva redacção do artigo 102º-A, do citado diploma, publicada pelo Decreto-Lei nº 38/2003, de 8 de Março, estabelecia o seguinte:

«Compete aos juízos de execução exercer, no âmbito do processo de execução, as competências previstas no Código de Processo Civil».

A referida redacção levou, pela indefinição do que deveria entender-se por *competências previstas no Código de Processo Civil*, à existência de inúmeros conflitos negativos de competência, designadamente pelo facto de todas as execuções para pagamento de quantia certa terem a sua regulamentação principal no âmbito do referido diploma.

A Lei nº 42/2005, de 29 de Agosto, veio pôr termo a essas dúvidas, alterando o disposto no aludido artigo 102º-A, fixando-lhe a seguinte redacção, actualmente em vigor:

«1. Compete aos juízos de execução exercer, no âmbito do processo de execução, as competências previstas no Código de Processo Civil.

2. Estão excluídos do número anterior os processos atribuídos aos tribunais de família e menores, aos tribunais de trabalho, aos tribunais de comércio e aos

---

[167] Salvo se for parte na execução o juiz de direito em exercício nessa comarca, o seu cônjuge, algum seu descendente ou ascendente ou quem com ele conviva em economia comum, porque neste caso o processo deverá correr os seus termos no tribunal da circunscrição judicial mais próxima.

[168] Lei nº 3/99, de 13 de Janeiro, rectificada pela Declaração nº 7/99, de 16 de Fevereiro, e alterada pelas Leis n.ºs 38/2003, de 8 de Março; 105/2003, de 10 de Dezembro e 42/2005, de 29 de Agosto.

tribunais marítimos e as execuções de sentenças proferidas pelo tribunal criminal que, nos termos da lei processual penal, não devam correr perante o tribunal civil.

3. Compete também aos juízos de execução exercer, no âmbito dos processos de execução por dívidas de custas cíveis e multas aplicadas em processo cível, as competências previstas no Código de Processo Civil não atribuídas aos tribunais de competência especializadas referidos no número anterior».

Ficaram assim excluídos da competência dos Juízos de Execução, os processos atribuídos aos tribunais de família e menores, aos tribunais de trabalho, aos tribunais de comércio e aos tribunais marítimos e as execuções de sentenças proferidas pelo tribunal criminal, estas com a ressalva que em seguida será salientada.

Repare-se que o legislador não disse «*decisões proferidas por...*», mas antes «*processos atribuídos aos...*», pelo que os tribunais criminais, família e menores, trabalho, comércio e marítimos serão competentes não só para a execução das suas próprias decisões, mas também para aquelas em que a execução possa resultar da prática de um acto previsto nas competências atribuídas pela LOFTJ a esses tribunais.

Assim, p. ex., os tribunais de família são competentes para as execuções por alimentos entre os cônjuges ou ex-cônjuges e os devidos a filhos (maiores ou menores), ainda que fundadas em acordo celebrado na Conservatória do Registo Civil no âmbito do processo de divórcio por mútuo consentimento ou estipulados por meio de documento particular (cfr. artigos 81º, alínea f) e 82º, nº 1, alínea e), do mencionado diploma), o mesmo se verificando com os tribunais do trabalho no que respeita aos títulos executivos decorrentes de uma relação jurídica laboral (cfr. artigo 85º, alíneas n) e o), do aludido diploma).

Quanto aos tribunais criminais importa ressalvar os casos em que na condenação se relega para execução de sentença a fixação do montante a ser liquidado, porque neste caso, atendendo ao estatuído no artigo 82º, nº 1, do Código de Processo Penal, a respectiva competência pertence aos juízos cíveis ou aos juízos de execução, se os houver.

Finalmente, interessa também considerar os casos em que, nos termos do artigo 661º, nº 2, na sentença proferida por tribunal com competência cível, a respectiva liquidação tenha sido relegada para momento posterior,

A FASE PRELIMINAR DO PROCESSO EXECUTIVO

dado que, neste caso, para efeito de competência com vista à liquidação, releva o momento em que a sentença foi proferida[169-170].

A infracção das regras da competência internacional ou em razão da matéria e da hierarquia, salvo quando haja mera violação dum pacto privativo de jurisdição, determina a incompetência absoluta do tribunal, circunstância que constitui excepção dilatória insuprível de conhecimento oficioso e que determina a absolvição da respectiva instância ou o indeferimento em despacho liminar, quando o processo o comportar (cfr. artigos 101º, 105º, 494º, alínea a) e 495º), razão por que o agente de execução está obrigado a remeter o processo ao juiz para despacho liminar nos termos dos artigos 812º-D, alínea f) e 812º-E, nº 1, alínea b).

Nos casos em que a incompetência absoluta tenha sido suscitada apenas em sede de oposição à execução e seja decidida depois de findos os articulados[171], poderá o processo ser remetido para o tribunal competente, desde que o exequente o requeira e o executado a isso não se oponha (artigo 105º, nº 2).

A eventual incompetência em razão da forma do processo[172] no domínio da acção executiva passou a ter reduzida relevância após a reforma de

---

[169] Neste caso estamos a falar da sentença que transitou em julgado, ainda que eventualmente modificada em sede de recurso.

[170] Assim, se a sentença exequenda foi proferida antes de 15 de Setembro de 2003, a competência para o processamento do incidente de liquidação pertence aos juízos de execução, sendo a respectiva tramitação regulada pelas normas do Código de Processo Civil que vigoravam antes da publicação do Decreto-Lei nº 38/2003, de 8 de Março (cfr. nesse sentido, Paulo Pimenta, Themis, nº 9, *cit.* p. 64-nota 16). Tendo a sentença sido proferida depois da referida data, o incidente de liquidação será deduzido por simples requerimento e processado na própria acção declarativa, considerando-se renovada a instância extinta (cfr. artigo 378º, nº 2).

[171] Estamos em crer ser este o único caso em que o princípio da economia processual justificará, em sede de acção executiva, a remessa do processo para o tribunal competente, já que, sendo a incompetência absoluta detectada e decidida na fase liminar da acção executiva, nada haverá para aproveitar, principalmente depois da introdução do processo digital em que os originais dos documentos permanecem na posse do exequente.

[172] Não confundir a incompetência relativa em razão da forma do processo com o erro na forma do processo previsto no artigo 199º. Naquela, a acção foi intentada em tribunal que não é o competente para a tramitação daquele tipo de processos, enquanto neste o tribunal é competente, mas a tramitação não se harmoniza com a que está legalmente prevista. Esta última divergência consubstancia a prática de uma nulidade, de conhecimento oficioso, determinando a anulação dos actos que não possam ser aproveitados, tendo como limite as garantias de defesa do demandado.

AS FUNÇÕES DO AGENTE DE EXECUÇÃO

2003, na medida em que se estabeleceu que o processo comum de execução tem apenas uma única forma (artigo 465º)[173].

De qualquer modo, importa ter presente que no Código de Processo Civil continua a existir uma execução especial por alimentos (artigos 1118º a 1121º-A) e em diversos processos declarativos podem ter lugar actos de natureza executiva (cfr. artigos 1003º, nº 2, 1056º, nº 2, 1108º, n.os 4 e 6, 1125º, nº 3 e 1127º, nº 3, 1133º, n.os 2 e 4, 1326º, nº 1, parte final, 1384º e 1385º, nº 4, 1478º).

Tal como na acção declarativa[174], também no processo comum de execução foram colmatadas as insuficiências específicas de regulamentação, mandando aplicar a este as formas reguladoras daquela que se harmonizem com a natureza da acção executiva e erigindo-se como regime-regra a tramitação estabelecida para a execução destinada ao pagamento de quantia certa, a qual se aplica à execução para entrega de coisa certa e para prestação de facto, na medida em que não for incompatível. Às execuções especiais aplicam-se subsidiariamente as disposições do processo comum[175].

No que concerne à competência relacionada com o valor da causa[176], com a gradual instalação por todo o país de juízos de execução, no domínio da acção executiva, a sua análise deixará de ter qualquer interesse.

De todo o modo, enquanto a referida circunstância não se verificar, a competência em razão do valor da causa poderá colocar-se nos casos em

---

[173] Com todo o respeito por diferente entendimento, afigura-se-nos que esta opção não está isenta de crítica na medida em que, como deixámos já salientado, o legislador não deveria ter dissociado a tramitação do processo da diferente natureza dos títulos, pelo que talvez tivesse sido melhor manter as formas ordinária e sumária, esta para os títulos judiciais e de formação judicial – sentenças ou injunção – e a ordinária para os demais títulos, podendo até criar-se ainda a forma sumaríssima (que já existiu), já que, deste modo, está a atribuir-se igual relevância processual a questões que requereriam um tratamento mais simplificado. Por outro lado, a nosso ver, a forma única do processo não traz qualquer vantagem para as partes ou seus mandatários, ao passo que se houvesse formas diferentes de processo, cada um dos intervenientes teria menos probabilidades de errar quanto à tramitação a seguir, criando rotinas que, assim, são mais difíceis de estabelecer.

[174] Cfr. artigos 462º a 464º.

[175] Cfr. artigo 466º.

[176] Importa ter presente que no artigo 305º, n.os 1 e 2, se estabelece que *a toda a causa deve ser atribuído um valor certo, expresso em moeda legal, o qual representa a utilidade económica imediata do pedido,* ao qual *se atenderá para determinar a competência do tribunal, a forma do processo comum e a relação da causa com a alçada do tribunal.*

A FASE PRELIMINAR DO PROCESSO EXECUTIVO

que, não existindo na comarca juízo de execução, a distribuição dos processos seja feita entre juízos e varas cíveis, competindo àqueles a tramitação das execuções de valor igual ou inferior à alçada da Relação (actualmente fixada em € 30.000,00) e a estas as que tiverem valor superior (artigos 24º, nº 1, 97º, nº 1, alínea b) e 99º, da LOFTJ).

No que respeita à competência em razão do território, ainda que o agente de execução deva, em todos os casos, verificar se a execução foi proposta no tribunal territorialmente competente, em nossa opinião, apenas deverá suscitar a intervenção do juiz, com base em eventual incompetência territorial, nos casos em que a mesma puder ser oficiosamente decretada.

Esse conhecimento oficioso verifica-se, desde logo, nas execuções fundadas em sentença, as quais devem correr por apenso ou no traslado, mas sempre no tribunal correspondente ao lugar em que a causa tenha sido julgada (artigo 90º, n.os 1 e 3).

A regra da oficiosidade mantém-se ainda nas execuções para entrega de coisa certa ou por dívida com garantia real, sendo competentes, respectivamente, o tribunal do lugar onde a coisa se encontre[177] ou o da situação dos bens onerados[178] (artigo 94º, nº 2).

Nos demais casos, a competência passou a pertencer ao tribunal do domicílio do executado em face do estatuído no artigo 94º, nº 1, primeira parte, na redacção que lhe foi dada pela Lei nº 14/2006, de 26 de Abril[179].

O mencionado normativo contém, na sua segunda parte, a possibilidade de um desvio à regra geral, ao estipular que, se o executado for pessoa colectiva ou se o exequente e o executado tiverem o seu domicílio na mesma área metropolitana de Lisboa[180] ou do Porto[181], o exe-

---

[177] A título meramente exemplificativo, se a execução tiver por finalidade a entrega de um automóvel imobilizado numa oficina de reparação de automóveis ou para entrega de um imóvel arrendado.

[178] Também a título de exemplo, quando se pretenda executar um imóvel hipotecado, com fundamento na garantia real que decorre dessa hipoteca, nos termos do artigo 835º, nº 1.

[179] Apenas aplicável às acções executivas instauradas a partir de 1 de Maio de 2006.

[180] A área metropolitana de Lisboa é constituída pelos municípios de Alcochete, Almada, Amadora, Barreiro, Cascais, Lisboa, Loures, Mafra, Moita, Montijo, Odivelas, Oeiras, Palmela, Seixal, Sesimbra, Setúbal, Sintra e Vila Franca de Xira.

[181] A área metropolitana do Porto engloba os municípios de Arouca, Espinho, Gondomar, Maia, Matosinhos, Oliveira de Azeméis, Porto, Póvoa de Varzim, Santa Maria da Feira, Santo

quente poderá optar pelo tribunal do lugar em que a obrigação deva ser cumprida.

Suscita-se, por vezes, a questão se saber se as referidas regras poderão ser afastadas por convenção das partes.

As que se relacionam com a competência em razão da matéria ou da hierarquia não poderão ser consideradas, ainda que tenham sido objecto de convenção, aplicando-se as regras que resultam dos critérios legais.

Quanto às regras da competência em razão do território, nas execuções iniciadas antes de 1 de Maio de 2006[182], tendo a obrigação por objecto certa quantia em dinheiro, nada obstava que as partes validamente convencionassem o foro competente.

Relativamente às acções executivas instauradas posteriormente àquela data, a convenção só poderá ser admitida nos casos a que se refere a segunda parte do artigo 94º, nº 1, mais concretamente, aqueles em que o exequente poderá optar pelo tribunal do lugar em que a obrigação deva ser cumprida, resultando essa circunstância da conjugação do disposto nos artigos 100º, nº 1 e 110º, por serem aqueles em que está vedado ao tribunal o conhecimento oficioso da incompetência em razão do território e, por essa razão, não constam deste último normativo.

A incompetência em razão do território, tal como a relacionada com a forma do processo ou o valor da causa, deverá ser oficiosamente declarada, ordenando-se a remessa do processo para o tribunal competente (artigos 108º, 110º, n.ºs 1 e 2, 493º, n.ºs 1 e 2, 494º, alínea a) e 495º).

*

Constituindo a falta de qualquer um dos pressupostos processuais relativos às partes uma excepção dilatória de conhecimento oficioso, ainda que algumas sejam supríveis, ao receber o requerimento executivo, deverá o agente de execução concluir pela sua verificação, remetendo o processo ao juiz para despacho liminar no caso de lhe surgirem dúvidas.

Os pressupostos processuais que nesta vertente interessa analisar estão relacionados com a personalidade jurídica e a capacidade judiciária, bem como a legitimidade de exequente(s) e executado(s).

Tirso, São João da Madeira, Trofa, Vale de Cambra, Valongo, Vila do Conde e Vila Nova de Gaia.

[182] Data do início de vigência da Lei nº 14/2006, de 26 de Abril.

No que respeita à personalidade jurídica das pessoas físicas, em conformidade com o estatuído no artigo 66º, nº 1, do Código Civil, a personalidade adquire-se no momento do nascimento completo e com vida.

Relativamente às pessoas colectivas, as associações que não prossigam fins lucrativos adquirem personalidade jurídica depois de constituídas por meio de escritura pública com especificação dos bens ou serviços com que os associados concorrem para o património social, a denominação, o fim e a sua sede, ao passo que as fundações só obtêm a personalidade jurídica através do reconhecimento por concessão individual, cabendo a competência para o efeito à autoridade administrativa[183] (artigos 158º, n.ºs 1 e 2, 167º e 185º, do Código Civil).

Por sua vez, as sociedades comerciais[184] gozam de personalidade jurídica e existem como tais a partir do registo definitivo do contrato na respectiva Conservatória do Registo Comercial (artigos 5º do Código das Sociedades Comerciais e 3º, alínea a), do Código do Registo Comercial).

Atendendo ao estatuído no artigo 5º, quem tiver personalidade jurídica tem igualmente personalidade judiciária, consistindo esta na susceptibilidade de ser parte.

Para além dos casos supra referidos, no que respeita à personalidade judiciária, impõe-se ainda considerar a extensão prevista no artigo 6º, relativamente à herança jacente e aos patrimónios autónomos semelhantes, cujo titular não esteja determinado, às associações sem personalidade jurídica e às comissões especiais, às sociedades civis, às sociedades comerciais até à data do registo definitivo do contrato pelo qual se constituem, ao condomínio resultante da propriedade horizontal, relativamente às acções que se inserem no âmbito dos poderes do administrador e, finalmente, aos navios, nos casos previstos em legislação especial[185].

Também as sucursais, agências, filiais, delegações ou representações podem demandar ou ser demandadas quando a acção proceda de facto por elas praticado ou ainda, no caso de a administração principal ter a sua sede ou domicílio em país estrangeiro, mesmo que a acção derive de facto

---

[183] Pires de Lima e Antunes Varela, Código Civil Anotado, Volume I, 4ª Edição, Coimbra Editora, 1987, p. 163.

[184] Com o âmbito de aplicação previsto no artigo 1º do Código das Sociedades Comerciais.

[185] Quanto à imputação dos efeitos da decisão em que as partes (ou alguma delas) são destituídas de personalidade jurídica, cfr. João Paulo Remédio Marques, *A Acção Declarativa à Luz do Código Revisto*, Coimbra Editora, 2ª edição, 2009.

AS FUNÇÕES DO AGENTE DE EXECUÇÃO

praticado por esta, desde que a obrigação tenha sido contraída com um português ou com um estrangeiro domiciliado em Portugal (artigo 7º).

A falta de personalidade judiciária das sucursais, agências, filiais, delegações ou representações pode ser sanada mediante a intervenção da administração principal e a ratificação ou repetição do processado (artigo 8º).

A capacidade judiciária consiste na susceptibilidade de estar, por si, em juízo, tendo a mesma por base e por medida a capacidade do exercício de direitos (artigo 9º).

Os incapazes só podem estar em juízo por intermédio dos seus representantes (pais, tutor ou curador)[186], ou desde que autorizados pelo seu curador, excepto quanto aos actos que possam exercer pessoal e livremente (artigo 10º).

Se o incapaz não tiver representante geral deve requerer-se a nomeação dele ao tribunal competente, sem prejuízo da imediata designação de um curador especial pelo juiz da causa, em caso de urgência (artigo 11º).

O modo de suprimento das incapacidades ou a falta de autorização, de deliberação ou de consentimento, encontra-se regulado nos artigos 10º a 25º, impondo-se ao juiz que providencie, oficiosamente e a todo o tempo, pela regularização da instância, ordenando a prática dos actos que se revelarem necessários para esse fim.

A propósito da intervenção destinada ao suprimento das incapacidades costuma salientar-se que *parte é quem é e não quem a representa*, pelo que, se o credor ou o devedor for incapaz, designadamente por ser menor[187], interdito[188] ou inabilitado[189], deverá essa pessoa ser identificada no requerimento executivo no lugar destinado ao exequente ou ao executado,

---

[186] Como salienta Miguel Teixeira de Sousa (*As partes, o objecto e a prova na acção declarativa*, Lex, Lisboa, 1995, p. 26), *como meio de suprimento da incapacidade judiciária importa ainda referir a sub-representação. Se o incapaz não deduzir oposição, a defesa incumbe ao Ministério Público ou, se ele representar o autor, a um defensor oficioso (artº 15º, n.ºs 1 e 2) (...) Como a sub-representação cessa logo que seja constituído mandatário judicial ao incapaz (artº 15º, nº 3), pode concluir-se que o seu regime nunca é instituído se o incapaz tiver mandatário judicial).*

[187] Na previsão dos artigos 122º, 127º e 129º, do Código Civil.

[188] Equiparado ao menor pelo artigo 139º, do Código Civil.

[189] Na medida do que for fixado na sentença de inabilitação (artigos 153º e 154º, do Código Civil), sendo certo ainda que, muito embora subordinados à orientação do curador, que prevalece em caso de divergência, os inabilitados podem intervir em todas as acções em que sejam parte e devem ser citados quando tiverem a posição de demandados (cfr. artigo 13º).

A FASE PRELIMINAR DO PROCESSO EXECUTIVO

consoante o caso, seguida da menção «...*representado por...*» e da justificação da necessidade da intervenção e da qualidade do representante.

No que respeita à legitimidade das partes no âmbito da acção executiva[190], as regras substantivas decorrentes do disposto nos artigos 817º e 818º[191], do Código Civil, traduzidas em termos adjectivos no artigo 821º, impõem que apenas *estão sujeitos à execução todos os bens do devedor susceptíveis de penhora que, nos termos da lei substantiva, respondem pela dívida exequenda*, esclarecendo-se que só *nos casos especialmente previstos na lei, podem ser penhorados bens de terceiro, desde que a execução tenha sido movida contra ele.*

Daí que a regra geral constante do artigo 55º não deixe margem para quaisquer dúvidas ao estipular que a *execução tem de ser promovida pela pessoa que no título executivo figure como credor e deve ser promovida contra a pessoa que no título tenha a posição de devedor.*

Nessa conformidade, sem prejuízo dos desvios à regra geral que acabámos de transcrever (que são muito poucos, como veremos), o que importa desde logo ao agente de execução analisar é se as pessoas mencionadas no requerimento executivo como exequente(s) e executado(s) têm integral correspondência com as que no título dado à execução figuram como credor(es) e devedor(es)[192].

Não havendo correspondência entre umas e outras, importa, em primeiro lugar, verificar se no requerimento executivo foi alegado qualquer facto do qual resulte ter havido sucessão no direito ou na obrigação

---

[190]   A questão relacionada com a legitimidade do cônjuge do executado será analisada aquando da abordagem da respectiva citação.

[191]   A possibilidade prevista na parte final do artigo 818º, do Código Civil, decorrente, designadamente, da procedência da acção de impugnação pauliana, caso ocorra no decurso da acção executiva deverá ser processada através da dedução do incidente de intervenção principal, espontânea ou provocada, previsto nos artigos 320º a 327º (cfr. nesse sentido o acórdão da Relação do Porto de 23/04/2001 (Narciso Machado), disponível na base de dados do ITIJ). Com interesse sobre esta questão, ainda que analisada na vertente da oposição à execução, veja-se ainda o acórdão do Supremo Tribunal de Justiça de 29/06/2005 (Salvador da Costa), igualmente publicado na mesma base de dados.

[192]   Como refere João Paulo Remédio Marques (*Curso de Processo Executivo Comum à Face do Código Revisto*, cit. p. 110), *o exequente é parte legítima (legitimidade activa) se figura no respectivo título como credor da prestação; o executado é, por sua vez, parte legítima (legitimidade passiva) se figura no título como devedor da prestação. Eis, afinal aqui, uma importante função desempenhada pelos títulos executivos (...): a função de legitimação, que, neste particular, serve para delimitar subjectivamente a execução.*

(artigo 56º, nº 1), circunstância que deverá ser descrita no anexo destinado à inserção de declarações complementares[193].

A divergência também poderá resultar do facto de se pretender executar dívida provida de garantia real sobre bens pertencentes a terceiro. Neste caso, muito embora o terceiro não figure no título executivo na qualidade de devedor, desse título ou através de um qualquer outro documento complementar, deverá resultar que garantiu o pagamento da dívida exequenda com o bem que se pretende executar.

A execução poderá ser intentada contra o devedor e o terceiro proprietário ou possuidor dos bens onerados ou somente contra este no caso de o exequente pretender fazer valer a garantia, sem prejuízo de a intervenção do devedor poder ser requerida, no mesmo processo, para satisfação integral do crédito exequendo no caso de ser reconhecida a insuficiência dos bens onerados com a garantia real (artigo 56º, n.ºs 2 e 3).

Nesta última situação, ainda que se aceite que a execução não deverá aguardar pela venda dos bens para se concluir pela insficiência dos mesmos, afigura-se-nos que essa conclusão não deverá ser retirada antes da fixação, pelo agente de execução, do valor base dos bens a vender, nos termos do artigo 886º-A, nº 2, alínea b), ou, tratando-se de imóvel, que o mesmo tenha sido objecto de avaliação para efeitos tributários há menos de três anos.

No âmbito da intervenção de exequentes e executados, o agente de execução deverá considerar também os casos de litisconsórcio e de coligação[194-195].

Aquando da reforma do processo civil de 1995, salientou-se no preâmbulo do Decreto-Lei nº 329-A/95, de 12 de Dezembro, que *ampliaram-se as hipóteses em que é permitida quer a cumulação de execuções quer a coligação de exequentes ou executados. Assim – e como decorrência do reconhecimento da figura do litisconsórcio no processo executivo – consagra-se a possibilidade de cumulação*

---

[193] Ao exequente bastará alegar os factos constitutivos da sucessão.

[194] Como refere João Paulo Remédio Marques (*Curso de Processo Executivo Comum à Face do Código Revisto, cit. pp. 120 e 121), no litisconsórcio há pluralidade de partes, mas unicidade da relação material controvertida e, por isso, unidade de obrigação exequenda (...). Na coligação topa-se uma pluralidade de partes a que corresponde uma pluralidade de relações materiais controvertidas e, logo, de obrigações exequendas.*

[195] Acerca do litisconsórcio e da coligação, ainda que na perspectiva da acção declarativa, cfr. Miguel Teixeira de Sousa, *As partes, o objecto e a prova na acção declarativa, cit. pp. 61-98.*

de execuções ou de coligação de partes quando forem os mesmos o grupo credor ou o grupo devedor, pondo termo às dúvidas surgidas sobre tal matéria perante o direito vigente, e, no mesmo sentido, considera-se que só deve constituir impedimento à cumulação a preterição das regras da competência absoluta, não obstando à cumulação objectiva a derrogação das regras da competência relativa.

Fazendo a distinção entre o litisconsórcio e a coligação, salienta Eurico Lopes Cardoso[196] que *dado que na acção executiva o pedido corresponde à prestação que se pretende obter, haverá litisconsórcio em processo de execução quando a prestação exigida por vários exequentes, ou a vários executados, seja a mesma; haverá coligação, quando vários exequentes reclamarem do mesmo executado, cada um a sua prestação, ou quando forem pedidas prestações diferentes, a vários executados, pelo mesmo exequente. O litisconsórcio executivo caracteriza-se e distingue-se da coligação por que implica sempre unidade de obrigação. A tal unidade corresponde portanto unidade ideal de credor ou devedor. Processualmente é como se houvesse, não vários exequentes ou vários executados, mas um só grupo credor ou um só grupo devedor. Por isso se disse que o litisconsórcio pode coexistir com a cumulação de pedidos e se mostrará adiante que ele pode verificar-se com a coligação de exequentes. O litisconsórcio tem lugar quando a lei ou o contrato exigirem a intervenção de todos os credores ou de todos os devedores e, então, denomina-se litisconsórcio necessário; ou quando a lei consinta, mas nada obrigue, que se peça a mesma prestação a várias pessoas conjuntamente, ou que ela seja pedida por mais que uma e, neste caso, chama-se litisconsórcio voluntário. O primeiro é obrigatório; o segundo, facultativo.*

A este respeito salienta ainda José Lebre de Freitas[197] que *o conceito e o regime do litisconsórcio são, na acção executiva, os mesmos que na acção declarativa. Assim, quer vários autores formulem contra um só réu um pedido único (litisconsórcio activo), quer um autor formule contra vários réus um pedido único (litisconsórcio passivo), quer um pedido único seja formulado por vários autores contra vários réus (litisconsórcio simultaneamente activo e passivo), são-lhe aplicáveis as mesmas normas que o regem no processo declarativo, sem que o facto de constar do título uma pluralidade de devedores, ou um terceiro com património sujeito à execução para além do devedor, implique, só por si, a necessária propositura da acção executiva contra todos os obrigados ou sujeitos à execução.*

---

[196] Manual da Acção Executiva, 3ª edição (reimpressão), Almedina, Coimbra, 1992, pp. 109-119.

[197] A Acção Executiva Depois da Reforma da Reforma, cit. pp. 135 e 136.

AS FUNÇÕES DO AGENTE DE EXECUÇÃO

Partindo dos referidos pressupostos, haverá litisconsórcio voluntário na acção executiva quando, podendo o pedido ser formulado apenas por um exequente ou apenas contra um executado, tenha sido deduzido por vários exequentes ou contra vários executados, ao passo que estaremos perante um litisconsórcio necessário nos casos em que a lei, o negócio jurídico ou a própria natureza da prestação imponham a intervenção de todos os interessados na relação controvertida, como será o caso de se pretender, na execução para entrega de coisa certa, a entrega de um imóvel dado de arrendamento a várias pessoas, na execução para prestação de facto, em que a obrigação recaia sobre vários e, pela sua natureza, não possa ser individualizada, ou ainda, quando na execução para pagamento de quantia certa, a obrigação só possa ser exigida por todos ou contra todos, como sucede nos direitos relativos à herança (artigo 2091º, do Código Civil).

Um primeiro obstáculo à cumulação inicial de execuções decorre do disposto no artigo 53º, ao afastar essa possibilidade nos casos em que ocorra a incompetência absoluta do tribunal relativamente a alguma das execuções, a sua diferente finalidade[198] ou o facto de a alguma delas corresponder processo especial[199].

Não existindo o referido obstáculo, ainda assim as possibilidades de coligação não são absolutas, importando considerar as limitações que decorrem do disposto no artigo 58º, apenas sendo permitido:

a) A vários credores coligados demandar o mesmo devedor ou vários devedores litisconsortes;

b) A um ou vários credores litisconsortes, ou a vários credores coligados, demandar vários devedores coligados, desde que obrigados no mesmo título.

c) A um ou vários credores litisconsortes ou a vários credores coligados demandar vários devedores coligados, titulares de quinhões no mesmo património autónomo ou de direitos relativos ao mesmo bem indiviso, sobre os quais se faça incidir a penhora.

Assim, na hipótese prevista na alínea a), a coligação de exequentes apenas impõe a existência de um único devedor demandado, ao passo

---

[198] Por exemplo, sendo uma para pagamento de quantia certa e outra para entrega de coisa certa ou para prestação de facto.

[199] Como é o caso da execução especial por alimentos prevista nos artigos 1118º a 1121º-A.

que a coligação de executados só é permitida nos casos de litisconsórcio, sendo a mesma a obrigação exigida de todos os demandados.

No caso da alínea b), apenas interessa considerar que o limite da cumulação resulta do próprio título, impondo-se que as diversas obrigações resultem do mesmo documento. É o que sucede, com mais frequência, nas sentenças decorrentes de acções de responsabilidade civil derivadas de acidente de viação em que diversas pessoas lesadas têm direito a ser indemnizadas por várias pessoas.

Finalmente, a previsão da alínea c), apenas engloba os casos em que se pretende penhorar bens integrados num património autónomo, como é o caso da herança, ou direitos relativos ao mesmo bem pertencente a várias pessoas em regime de compropriedade.

Nos termos das disposições conjugadas dos artigos 53º, nº 1, 58º, nº 1, 466º, nº 1, 493º, n.ºs 1 e 2, 494º, 495º e 812º-E, nº 1, alínea b), a cumulação ilegal consubstancia uma excepção dilatória de conhecimento oficioso que determina a absolvição da respectiva instância, impondo o princípio da economia processual que esta apenas seja declarada quanto aos executados relativamente aos quais a excepção se verifica, aproveitando-se o processo pelo menos quanto ao executado indicado em primeiro lugar no requerimento executivo.

*

Ainda que a inobservância das regras do patrocínio judiciário não constitua fundamento para a recusa do requerimento executivo (artigo 811º, *a contrario*) e a excepção dilatória a que conduz seja passível de sanação, entendemos que o agente de execução deverá remeter o processo para despacho do juiz (artigo 809º, nº 1, alínea d)) a fim de este convidar o exequente a constituir mandatário, juntando aos autos a respectiva procuração (artigo 812º-E, nº 3).

A constituição de advogado no âmbito da acção executiva só é obrigatória quando o valor da execução for superior à alçada da Relação, actualmente fixada em € 30.000,00, podendo ainda o referido patrocínio ser obrigatório nas execuções de valor inferior à referida quantia mas superior à alçada do tribunal de primeira instância, actualmente fixada em € 5.000,00, quando tiver lugar algum procedimento que siga os termos do processo declarativo (artigo 60º, nº 1), como são as oposições à execução (artigo 813º a 818º) ou à penhora (artigos 863º-A e 863º-B), os embargos de terceiro (artigo 351º a 359º), os incidentes de liquidação (artigos 302º a 304º, 378º a 380º e 805º, n.ºs 1 e 4) e de habilitação (302º a 304º e 371º a 377º).

Muito embora a constituição de advogado não seja obrigatória, a parte deverá estar por ele patrocinada se, no apenso de verificação de créditos, tiver sido reclamado algum crédito de valor superior à alçada do tribunal de comarca e apenas para apreciação deste (artigo 60º, nº 2).

Fora dos casos anteriormente referidos, desde que a execução tenha valor superior à alçada do tribunal de primeira instância (€ 5.000,00), o patrocínio judiciário é obrigatório, podendo ser exercido por advogado, advogado estagiário ou por solicitador (artigo 60º, nº 3).

No caso de o requerimento executivo ser subscrito por advogado ou solicitador sem se fazer acompanhar da procuração, entendemos que o agente de execução deverá apresentar o processo para despacho do juiz a fim de ser ordenada a respectiva notificação para apresentar a procuração em falta, ratificando o processado, se necessário[200].

Sendo o patrocínio judiciário obrigatório nos termos supra referidos, a sua falta consubstancia uma excepção dilatória, de conhecimento oficioso, conduzindo à absolvição do executado da respectiva instância (artigos 33º, 60º, 493º, n.ºs 1 e 2, 494º, alínea h) e 495º), enquanto a falta de apresentação da procuração tem como consequência ficar sem efeito tudo quanto foi praticado pelo mandatário e ser este condenado nas custas respectivas (artigo 40º, nº 2).

4.1.7 A suspeita sobre a inexistência de factos constitutivos ou a existência de factos impeditivos ou extintivos da obrigação exequenda e que sejam de conhecimento oficioso

Sendo a execução fundada em título negocial, o agente de execução deverá remeter o processo ao juiz para despacho liminar se suspeitar, em face dos elementos que constam do processo, da inexistência de factos constitutivos ou da existência de factos impeditivos ou extintivos da obrigação exequenda e que ao juiz seja lícito conhecer (artigos 812º-D, alínea f) e 812º-E, nº 1, alínea c)).

---

[200] Se a procuração tiver sido outorgada em data anterior à instauração da execução a ratificação do processado não se mostra necessária.

Actualmente, o Código de Processo Civil não contém qualquer enumeração das excepções peremptórias, limitando-se a estabelecer no artigo 493º, que estas *importam a absolvição total ou parcial do pedido e consistem na invocação de factos que impedem, modifiquem ou extinguem o efeito jurídico dos factos articulados pelo autor*, estipulando-se no artigo 496º que *o tribunal conhece oficiosamente das excepções peremptórias cuja invocação a lei não torne dependente da vontade do interessado*.

Por isso, a análise deverá ser casuística, com os dados que resultam do processo, tendo em consideração que os factos constitutivos são os que têm por função fazer nascer o direito, os impeditivos destinam-se a determinar a ineficácia jurídica dos factos constitutivos e, finalmente, os extintivos têm por efeito fazer extinguir um direito constituído.

No primeiro caso, falta a ocorrência de um facto considerado indispensável para que o direito se tenha constituído. No segundo, existe uma circunstância que gera a ineficácia jurídica dos factos constitutivos. Por último, no terceiro caso, muito embora o direito tenha sido validamente constituído, uma circunstância posterior determinou a sua extinção.

4.1.8 As dúvidas sobre a sentença arbitral

Sendo apresentada à execução uma sentença proferida por tribunal arbitral, o agente de execução deverá verificar se aquela concreta questão poderia ter sido objecto de decisão por árbitros, remetendo o processo ao juiz para despacho liminar no caso de lhe surgirem dúvidas (artigo 812º-D, alínea g)).

Os limites para a referida competência encontram-se fixados no artigo 1º, nº 1, da Lei da Arbitragem Voluntária[201], aí se estabelecendo que as partes poderão celebrar convenção de arbitragem, acordando na decisão por árbitros, relativamente a qualquer litígio, desde que por lei especial o mesmo não esteja submetido exclusivamente a tribunal judicial ou a arbitragem necessária e não respeite a direitos indisponíveis.

A este respeito, citando-se Manuel Pereira Barroca[202], para além dos *direitos irrenunciáveis do trabalhador (...) os casos mais eloquentes de competência*

---

[201] Publicada pela Lei nº 31/86, de 29 de Agosto, com as alterações introduzidas pelo Decreto-Lei nº 38/2003, de 8 de Março.
[202] *Manual de Arbitragem*, Almedina, Coimbra, 2010, p. 248.

exclusiva dos tribunais judiciais ou de arbitragem necessária, que não admitem a sua submissão a tribunais arbitrais, respeitam quer a direitos pessoais indisponíveis, quer a outros casos previstos em lei especial, referindo-se os casos mais típicos, *a processos de insolvência* (...) *a questões de interesse económico geral ou público, questões fiscais e de política social* (...) *questões reguladas ou controladas por uma autoridade pública administrativa, tais como certas matérias da concorrência, sempre que esteja em causa o interesse público ou geral da comunidade, questões de mercado de capitais e, em geral, as actividades públicas reguladoras, ressalvadas as permissões legais, em geral de carácter excepcional* (...) *a actos criminosos.*

4.2 O pedido de dispensa de citação prévia

Relativamente à segunda das aludidas opções, após a recepção do processo, o agente de execução deverá analisar o requerimento executivo e verificar se o exequente, no respectivo anexo, formulou o pedido de dispensa de citação prévia.

Em nossa opinião, fora dos casos previstos no artigo 812º-C[203], o exequente poderá requerer que a penhora seja efectuada sem a citação prévia do executado, devendo para o efeito alegar factos que justifiquem o receio de perda da garantia patrimonial e oferecendo de imediato os respectivos meios de prova (artigo 812º-F, nº 3).

No que respeita aos respectivos pressupostos, acompanhamos o entendimento de José Lebre de Freitas[204], no sentido de que *a semelhança com o arresto é grande e o requisito do periculum in mora é idêntico; só a prova do fumus boni juris é dispensada, visto que o título executivo já presume a existência do direito exequendo.*

4.3 A citação prévia sem necessidade de despacho

No que concerne à terceira das mencionadas opções, a nosso ver, nos casos não abrangidos pelos artigos 812º-C e 812º-F, nº 3 e se o processo não dever ser apresentado ao juiz para despacho liminar por qualquer uma das razões referidas no artigo 812º-D, o agente de execução deverá

---

[203] Pelas razões que em seguida serão salientadas, entendemos que o pedido de dispensa de citação prévia deverá abranger todos os casos em que está previsto que citação preceda a penhora.

[204] A Acção Executiva Depois da Reforma da Reforma, cit. p. 168.

A FASE PRELIMINAR DO PROCESSO EXECUTIVO

proceder à citação prévia do executado, sem necessidade de despacho judicial.

O referido entendimento resulta, desde logo, da regra da oficiosidade da citação, apenas afastada nos casos expressamente previstos (artigo 234º, nº 4), devendo no domínio da acção executiva entender-se como excepções apenas as que decorrem do disposto nos artigos 812º-C, 812º-D e 812º-F, nº 3[205].

Acresce ainda que, pelas razões já salientadas, entendemos que, com as alterações de 2008, pretendeu-se delimitar a intervenção do juiz enumerando exaustivamente os casos em que o processo deverá ser remetido para despacho liminar.

Em nossa opinião, das normas que vigoraram entre 2003 e 2009 poderemos detectar a existência de uma regra geral que consistia na sujeição do processo a despacho liminar e subsequente citação prévia do executado (artigo 812º, n.os 1 e 6), registando-se apenas duas excepções previstas nos artigos 812º, nº 7 e 812º-A, nº 1, a primeira dispensando o despacho liminar e determinando a imediata citação do executado nas execuções ali previstas e, a segunda, enunciando os casos em que a penhora seria desde logo efectuada sem necessidade de despacho liminar e, consequentemente, sem a prévia citação do executado.

Paralelamente, previa-se ainda a obrigatoriedade de sujeição do processo a despacho liminar nas duas situações descritas no artigo 812º-A, nº 2, bem como a dispensa de citação prévia do executado a pedido fundamentado do exequente (artigo 812º-B, n.os 2 e 3).

A lógica que decorria das referidas normas foi completamente desfeita com as alterações de 2008, sendo nosso entendimento de que actualmente já não poderá falar-se de uma regra geral (ainda que implícita) no sentido da sujeição do processo a despacho liminar, uma vez que no artigo 812º-D foram enumerados os casos a ele sujeitos, circunstância que anteriormente não se verificava.

O legislador de 2008, ao invés de enunciar um qualquer princípio geral, optou por elencar no artigo 812º-D os casos sujeitos a despacho liminar, sendo que nestes tem sempre lugar a citação prévia do executado, salvo se o exequente fundamentadamente requerer a sua dispensa (artigo 812º-F, n.os 3 e 4), e prevendo no artigo 812º-C as situações em que a

---

[205] O disposto no artigo 812º-F, nº 2, será analisado separadamente.

AS FUNÇÕES DO AGENTE DE EXECUÇÃO

penhora será de imediato efectuada sem a citação prévia, a não ser que o exequente a requeira ao agente de execução (artigo 812º-F, nº 1).

E assim sendo, deixando de existir uma regra geral como a que resultava do anterior artigo 812º, nº 1, porque a realidade processual não se esgota nas situações previstas nos artigos 812º-C e 812º-D e não devendo ignorar-se que com as alterações de 2008 se pretendeu acentuar que o centro da tramitação da acção executiva se situa na pessoa do agente de execução e que o juiz deverá intervir apenas nos casos expressamente previstos[206], não havendo lugar a despacho liminar nem a penhora imediata, terá de concluir-se pela existência de uma regra geral implícita para os casos não previstos, impondo-se a citação prévia do executado sem necessidade de despacho judicial.

Poder-se-á argumentar que na falta de uma regra geral explícita dever-se-ia seguir o princípio geral previsto na legislação anterior, por conferir mais garantias para o executado.

Contudo, para além das considerações já expostas relacionadas com a necessidade de delimitar a intervenção do juiz, pensamos não haver razões relevantes para afirmar que a não sujeição do processo a despacho liminar, fora dos casos em que a falta ou insuficiência do título sejam manifestas, traduza uma redução das garantias do executado, uma vez que, em alternativa, proceder-se-á à sua citação prévia.

Por último, no que respeita ao disposto nos artigos 234º, nº 4, alínea e) e 812º-F, nº 2, uma vez que a sua formulação literal não faz sentido, deverão os mesmos ser interpretados de modo a fazer corresponder os seus textos à finalidade pretendida pelo legislador.

Com efeito, o teor dos mencionados normativos, conjugado com outras normas também aplicáveis a esta fase do processo, revela contradições insanáveis que impõem o imediato afastamento da ideia de que, naquelas circunstâncias, a execução deva ser sujeita a despacho do juiz.

Essa contradição manifesta-se, desde logo, por se entender que o artigo 812º-D contem uma enumeração taxativa dos processos que devem ser remetidos para o juiz nesta fase do processo.

---

[206] Interpretação que decorre da retirada do poder geral de controlo do processo e da previsão de condenação em multa para os pedidos de intervenção injustificados.

114

Depois, porque no artigo 812º-E, nº 5 se estabelece que tendo o processo sido remetido para o juiz para despacho liminar, se o mesmo dever prosseguir, este profere despacho ordenando a citação do executado.

E assim sendo, impõe-se perguntar:

Como é que há sempre citação prévia, sem necessidade de despacho, se o disposto no artigo 234º, nº 4, alínea e), impõe que *"A citação depende, porém, de prévio despacho judicial* (sublinhado nosso)"?

Por outro lado, se o executado já foi previamente citado pelo agente de execução, o que é que o juiz vai fazer nessas circunstâncias?

Ordenar a citação do executado, cuja citação já foi efectuada ou está em curso, praticando um acto inútil, proibido pelo artigo 137º?

Limitar-se a apor o seu visto, sendo este também um acto inútil?

Então não é verdade que as alterações de 2008 tiveram por finalidade reservar "...*a intervenção do juiz para as situações em que exista efectivamente um conflito ou em que a relevância da questão o determine...*"?

Onde está o conflito? Ou a relevância da questão?

Com todo o respeito por diferente entendimento, afigura-se-nos que a única conclusão que poderá extrair-se da conjugação dos mencionados normativos será a de que a formulação do artigo 812º-F, nº 2, contém um lapso de escrita, faltando a parte do texto que lhe dá sentido.

Em nossa opinião, a referida norma, para fazer sentido, deverá ser lida do seguinte modo:

"2 – Nos processos [que não forem] *remetidos ao juiz pelo agente de execução para despacho liminar nos termos do artigo 812º-D, há sempre citação prévia, sem necessidade de despacho do juiz:"*

Com efeito, como facilmente se constata pela análise da norma que vigorou entre 2003 e 2009, com excepção da alínea d), todas as demais situações previstas no artigo 812º-F, nº 2, integravam já a previsão do artigo 812º, nº 7, onde estava expressamente consignado que *"A citação é previamente efectuada, sem necessidade de despacho liminar"*, sendo certo que nenhuma justificação foi dada para que este critério fosse modificado, afigurando-se-nos que a inclusão da referida alínea d) faz todo o sentido na medida em que, constando do registo informático de execuções a existência de uma execução anterior total ou parcialmente frustrada e não sendo encontrados ou indicados bens, apenas se impõe proceder a citação do executado nos termos do artigo 833º-B, nº 4, a fim de permitir a extinção da execução e a sua inclusão na lista pública de execuções prevista na Portaria nº 313/2009, de 30 de Março.

Por outro lado, os dois pontos colocados no final do corpo da referida norma e a inclusão das alíneas subsequentes, indicam claramente que a mesma apenas se refere aos casos ali expressamente previstos e assim, existindo uma norma expressamente destinada a regular os casos em que o processo deverá ser sempre remetido ao juiz para despacho liminar, se o legislador pretendesse que os processos previstos no nº 2 do artigo 812º-F também tivessem a mesma tramitação, por certo que os incluiria na elenco da mesma.

Não será despiciendo salientar ainda que os processos mencionados no citado normativo, muito embora em termos gerais não estejam sujeitos a despacho liminar, poderão carecer deste despacho por alguma das razões previstas nas alíneas e) e f) do artigo 812º-D.

Pelas razões salientadas, pensamos poder afirmar que, com as alterações de 2008, o legislador pretendeu limitar ao mínimo a intervenção do juiz, agrupando no artigo 812º-D os casos em que o processo lhe deverá ser apresentado para despacho liminar.

Na nossa interpretação, o legislador quis expressar, ainda que de forma muito imperfeita, que se o processo não tiver de ser apresentado ao juiz por razões relacionadas com a eventual falta ou insuficiência do título ou devido a ocorrência de excepções dilatórias insupríveis de conhecimento oficioso, nos casos elencados no artigo 812º-F, nº 2, não há lugar à remessa para despacho liminar, devendo o agente de execução proceder de imediato à citação do executado.

4.4 A penhora imediata

Relativamente à quarta e última das referidas opções, no artigo 812º-C estão elencados os casos em que, não havendo razões para a remessa do processo ao juiz para despacho liminar nos termos anteriormente analisados, o agente de execução procede de imediato à penhora nas execuções baseadas em:

a) Decisão judicial ou arbitral;

b) Requerimento de injunção no qual tenha sido aposta a fórmula executória;

c) Documento exarado ou autenticado por notário ou por outras entidades ou profissionais com competência para tal, ou documento particular com reconhecimento presencial da assinatura do devedor, desde que:

i) O montante da dívida não exceda a alçada do tribunal da relação[207] e seja apresentado documento comprovativo da interpelação do devedor, quando tal fosse necessário ao vencimento da obrigação;

ii) Excedendo o montante da dívida a alçada do tribunal da relação, o exequente mostre ter exigido o cumprimento por notificação judicial avulsa ou equiparada.

d) Qualquer outro título de obrigação pecuniária vencida, de montante não superior à alçada do tribunal da relação, desde que não tenham sido indicados à penhora, pelo exequente, (imóvel ou) estabelecimento comercial, direito real menor que sobre eles incida ou quinhão em património que os inclua.

Os títulos incluídos nas alíneas a) e b) não suscitam controvérsia[208], pelo que o agente de execução, recebido o processo, sem mais delongas, no prazo de cinco dias, dá início às diligências iniciais e procede à penhora.

Relativamente aos títulos abrangidos pela alínea c), não sendo observados os requisitos relacionados com a interpelação, o agente de execução em vez de dar inicio às diligências iniciais e de penhora, deverá proceder à citação do executado, sendo a interpelação em falta suprida com a prática desse acto.

No que concerne aos títulos previstos na alínea d), entendemos ser de considerar o texto da norma tal como existia antes da publicação do Decreto-Lei nº 226/2008, aí se incluindo a limitação decorrente da indicação à penhora de imóvel ou direito real menor que sobre ele incida, baseando-se esse entendimento no facto de nenhuma justificação ter sido apresentada com vista à sua exclusão.

Depois, e não menos importante, por não vermos qual o direito real menor que poderá incidir sobre o estabelecimento comercial e que desde logo possa ser identificado pelo agente de execução.

Finalmente, porque o plural utilizado no respectivo texto, sem a inclusão do imóvel, não faz qualquer sentido.

---

[207] Actualmente fixada em € 30.000,00 (cfr. artigo 24º, nº 3, da LOFTJ).

[208] As questões relacionadas com a oposição à execução nos títulos decorrentes de requerimento de injunção não relevam para a questão que agora analisamos.

Capítulo VI
A Fase da Penhora

1. As Consultas e Diligências Prévias à Penhora

Após as alterações de 2008, estipulou-se no artigo 832º que as consultas e diligências prévias à penhora têm início no prazo máximo de cinco dias[209] contados:

a) Da apresentação do requerimento executivo que dispense o despacho liminar e a citação prévia do executado;

b) Do termo do prazo para a oposição do executado previamente citado sem que esta tenha sido deduzida;

c) Da notificação da secretaria ao agente de execução:

I – Depois de proferido despacho que dispense a citação prévia;

II – De que não foi suspensa a execução nos termos do artigo 818º;

III – Tendo a execução sido suspensa, após ser julgada improcedente a oposição deduzida.

Antes de proceder às diligências prévias à penhora, o agente de execução consulta o registo informático de execuções e em função do resultado dessa consulta deverá proceder do seguinte modo:

a) Quando contra o executado tiver sido movida execução terminada sem integral pagamento, prossegue imediatamente com as diligências prévias à penhora e com a comunicação do seu resultado ao exequente,

---

[209] Este prazo só passou a estar fixado após a publicação do Decreto-Lei nº 226/2008, de 20 de Novembro.

extinguindo-se imediatamente a execução caso não sejam encontrados ou não sejam indicados bens à penhora.

A nosso ver, o disposto no artigo 832º, nº 3, deverá ser interpretado restritivamente na parte em que estabelece a não aplicação do nº 4 do artigo 833º--B, uma vez que a citação prevista neste último normativo se mostra necessária para que a execução possa ser extinta por inutilidade superveniente da lide (cfr. artigo 919º, nº 1, alínea c)) e, por força dessa extinção, para que seja possível a inclusão do executado na lista pública de execuções.

b) Quando contra o executado estiver pendente um processo de execução para pagamento de quantia certa, para ele é remetido o requerimento executivo, desde que estejam reunidos os seguintes requisitos:

I – O exequente seja titular de um direito real de garantia sobre o bem penhorado nesse processo, que não seja um privilégio creditório geral;

II – No mesmo processo ainda não tenha sido proferida a sentença de graduação.

Quando, no momento da remessa, o processo pendente já esteja na fase do concurso de credores, o requerimento executivo vale como reclamação, assumindo o exequente a posição de reclamante; caso contrário, constitui-se coligação de exequentes.

Não havendo lugar à extinção da execução nem à sua remessa, o agente de execução inscreve no registo informático de execuções os dados referidos no nº 1 do artigo 806º e prossegue com as diligências prévias à penhora.

1.1 A (des)necessidade das diligências prévias

Não há lugar a diligências prévias para identificação ou localização de bens penhoráveis sempre que no requerimento executivo sejam identificados bens referidos nas alíneas a) a d) do n.º 1 do artigo 834.º de valor previsivelmente igual ou superior ao crédito exequendo acrescido das despesas previsíveis da execução.

Da redacção da referida norma, conjugada com o disposto nos artigos 833-A, nº 1 e 834º, nº 2, resultam duas consequências relevantes.

Desde logo, que o agente de execução não deverá proceder a diligências prévias com vista a apurar a identificação e localização de outros bens se a indicação ou a nomeação preencherem a previsão de todas as referidas alíneas.

E, depois, estando preenchidas todas as mencionadas alíneas, a penhora de imóveis ou de estabelecimento comercial só deverá ser efectuada quando a penhora de outros bens presumivelmente não permita a satisfação integral do credor no prazo de seis meses.

1.2 As consultas sem necessidade de autorização
Estabeleceu-se ainda que o agente de execução, quando considere úteis à identificação ou localização de bens penhoráveis, poderá proceder, sempre que necessário e sem necessidade de qualquer autorização judicial, à consulta, nas bases de dados da administração tributária, da segurança social, das conservatórias do registo predial, comercial e automóvel e de outros registos ou arquivos semelhantes, de todas as informações sobre a identificação do executado junto desses serviços e sobre a identificação e a localização dos seus bens (artigos 834º-A, nº 2 e 2º a 5º, da Portaria nº 331-A/2009, de 30 de Março).

1.3 A consulta de outros dados sujeitos a confidencialidade
Nos processos iniciados depois de 30/03/2009, a consulta pelos agentes de execução das bases de dados previtas no artigo 833º-A, nº 2, não está dependente de despacho judicial, não exitindo qualquer limitação quanto à pesquisa de todas as informações sobre a identificação do executado e sobre a identificação e localização dos seus bens, devendo, por isso, entender-se que qualquer outro pedido que os mesmos dirijam ao juiz no sentido da permissão da consulta de outros elementos sujeitos a regime de confidencialidade, na previsão do seu nº 7, deverá ser adequadamente fundamentado, atendendo à sua excepcionalidade, justificando-se a necessidade de cada consulta em concreto, não bastando a mera alegação genérica de que todas as outras consultas se frustraram.

2. A Opção do Exequente, Mediante Notificação para tal
Havendo lugar às consultas, o agente de execução deverá notificar o exequente do seu resultado, preferencialmente por via electrónica, podendo este, no prazo de 5 dias, optar pelo seguinte:

a) Declarar que não pretende a penhora de determinados bens imóveis ou móveis não sujeitos a registo identificados;

b) Desistir da execução.

3. O Objecto da Penhora

Da regra geral que decorre do disposto no artigo 821º, nº 1, traduzindo em termos adjectivos o princípio da garantia geral das obrigações previsto no artigo 601º, do Código Civil, resulta que, com as ressalvas decorrentes dos regimes especialmente estabelecidos em consequência da separação de patrimónios e das impenhorabilidades que na oportunidade analisaremos, estão sujeitos à execução todos os bens pertencentes ao devedor.

Assim, sem prejuízo da excepção a que em seguida nos referiremos, da referida regra geral resulta que só o devedor poderá ser demandado na acção executiva, já que só relativamente a ele o exequente dispõe do necessário título executivo (artigo 55º).

Excepcionalmente e apenas em certos casos especialmente previstos na lei, poderão ser penhorados bens de terceiro[210], sendo que neste caso a execução também deverá ser intentada contra ele (artigo 821º, nº 2).

Esta última hipótese tem previsão substantiva no artigo 818º, do Código Civil, com vista a permitir a execução de bens pertencentes a terceiro em duas situações concretas:

a) Nos casos em que os bens estão vinculados à garantia do pagamento do crédito (p. ex. penhor ou hipoteca);

b) Ou quando esses bens sejam objecto de acto praticado em prejuízo do credor, que este haja precedentemente impugnado (p. ex. impugnação pauliana).

Relativamente à última hipótese, sendo a decisão da acção de impugnação posterior à instauração da execução, pensamos ser este o caso em que deverá admitir-se, no âmbito da acção executiva, o incidente de intervenção de terceiros previsto nos artigos 320º (espontânea) ou 325º (provocada).

---

[210] Neste caso a palavra "terceiro" refere-se a alguém que é estranho relativamente à obrigação, não se confundindo ainda com o "terceiro" referido no artigo 831º, nº 1, uma vez que neste caso se trata de alguém estranho à execução.

4. A Ordem pela qual os Bens devem ser Penhorados

No que concerne à ordem pela qual os bens devem ser penhorados, abandonou-se a norma geral inserta no anterior artigo 834º, no sentido de que a penhora deveria começar pelos bens que mais facilmente fossem passíveis de se traduzir em dinheiro para pagar ao exequente, adoptando-se agora uma ordem que não deixa qualquer margem de opção ao agente de execução.

Assim, por força do disposto no artigo 834º, nº 1, independentemente da indicação do exequente, da nomeação do executado ou ainda do resultado das diligências prévias à penhora, o agente de execução deverá efectuar a penhora pela ordem a seguir mencionada:

a) Penhora de depósitos bancários[211-212];

b) Penhora de rendas, abonos, vencimentos, salários ou outros créditos, se permitirem, presumivelmente, a satisfação integral do credor no prazo de seis meses;

c) Penhora de títulos e valores mobiliários;

d) Penhora de bens móveis sujeitos a registo se, presumivelmente, o seu valor for uma vez e meia superior ao custo da sua venda judicial;

e) Penhora de quaisquer bens cujo valor pecuniário seja de fácil realização ou se mostre adequado ao montante do crédito do exequente.

5. Os Bens Onerados com Garantia Real e os Bens Indivisos

No artigo 835º estabelecem-se duas excepções, impondo-se que, nos casos aí previstos, a penhora se inicie pelos bens ali referidos.

---

[211] A penhora de depósitos bancários continua a carecer de despacho judicial a autorizá-la. Assim sendo, considerando a prática anterior, sendo este o primeiro bem a penhorar, tal significa que todos os processos serão apresentados ao juiz logo no seu início, com a possibilidade de conhecimento oficioso de todos os vícios relacionados com o título ou com as partes (artigos 812º-E e 820º) ou ainda com a competência territorial (artigo 110º, nº 1), pelo que mais valia ter-se introduzido o despacho liminar como regra.

[212] Por vezes suscita-se a questão de saber se o despacho judicial é necessário desde logo para o acto de execução da penhora ou se apenas para o momento subsequente destinado a verificar da conformidade do montante penhorado com o saldo existente na conta. A nosso ver, uma vez que o legislador não autonomizou esses dois momentos, impondo desde logo à entidade bancária a remessa de extracto da conta ao agente de execução (cfr. artigo 861º-A, nº 11), enquanto o sigilo bancário se mantiver, deverá a penhora dos saldos bancários estar sujeita a despacho judicial prévio a autorizá-la.

Sendo executada dívida com garantia real que onere bens pertencentes ao devedor, a penhora inicia-se por esses bens e só pode recair noutros quando se reconheça a insuficiência daqueles para conseguir o fim da execução.

No que respeita à referida insuficiência, ainda que se entenda que não será necessário esperar pelo momento da venda para se concluir que o seu produto não chegará para pagamento da dívida, entendemos que essa conclusão só se torna segura no momento da fixação pelo agente de execução do valor de base nos termos previstos no artigo 886º-A, sem prejuízo de, em momento anterior, se demonstrar o seu valor patrimonial tributário em avaliação efectuada há menos de três anos (artigo 886º-A, nº 3, alínea a)).

A penhora deverá também começar pelo quinhão em património autónomo ou por direito sobre bem indiviso quando esses bens já se encontrem penhorados em execuções diversas, de modo a ser efectuada uma única venda no âmbito do processo em que se tenha efectuado a primeira penhora.

6. Os Regimes de Impenhorabilidade

6.1 As impenhorabilidades absolutas

No artigo 822º são elencados os bens absoluta ou totalmente impenhoráveis, o que significa que em circunstância alguma poderão ser penhorados.

No corpo da norma e nas suas alíneas a) e b) são referidas as impenhorabilidades de natureza substancial, enquanto as demais alíneas referem-se às de natureza processual.

Das hipóteses de impenhorabilidade absoluta previstas na referida norma legal, os casos em que os tribunais mais frequentemente são chamados a pronunciar-se prendem-se com as importâncias recebidas a título de alimentos ou dos *bens imprescindíveis a qualquer economia doméstica que se encontrem na residência permanente do executado*[213].

---

[213] Neste último caso, estamos em crer que se tratará de bens *relativamente impenhoráveis*, pelo que ficariam melhor enquadrados no artigo 823º.

O primeiro dos referidos casos, está directamente relacionado com o estatuído no artigo 2008º, nº 2, do Código Civil, estabelecendo a impenhorabilidade do crédito de alimentos e a impossibilidade de o obrigado poder invocar a compensação, ainda que se trate de prestações já vencidas.

A respeito do segundo, salientou-se no preâmbulo do Decreto-Lei nº 329-A/95, de 12 de Dezembro que *na definição do que devam ser bens absoluta e relativamente penhoráveis foi-se colher alguma inspiração em soluções constantes da recente Lei nº 91-650, de 9 de Julho de 1991, que, no direito processual civil francês procedeu à revisão de numerosos preceitos referentes ao processo de execução.*

Analisado o referido diploma, constata-se que no mesmo se estabeleceu a impenhorabilidade dos bens móveis necessários à vida e ao trabalho do devedor e da sua família, salvo se a execução for destinada ao pagamento do respectivo preço, podendo, contudo, ser penhorados, se se encontrarem em lugar diferente daquele onde o devedor habita ou trabalha habitualmente, se forem bens de valor, em face da sua notória importância, da sua espécie, da sua raridade, da sua antiguidade ou da sua característica luxuosa, se perderem a característica de necessidade em face da sua quantidade ou se constituírem elementos corpóreos de um fundo comercial[214].

Do exposto resulta que, tal como veio a ser fixado na legislação nacional, os bens móveis pertencentes ao executado só não serão passíveis de penhora se forem imprescindíveis à respectiva economia doméstica e se se encontrarem na sua residência habitual e permanente e, sempre, desde que a dívida exequenda não tenha sido contraída com vista à respectiva aquisição ou reparação.

Assim, ainda que essa circunstância não tenha sido expressamente prevista, deverá concluir-se, como na da legislação francesa, que não integrarão a noção de imprescindibilidade se forem bens de elevado valor, por causa da sua notória importância, em virtude da sua espécie, raridade, antiguidade ou natureza luxuosa e ainda se perderem a característica de necessidade em face da sua quantidade.

No sumário do acórdão da Relação do Porto de 5/02/2001 (Mário Cruz), salientou-se que *"para efeito de impenhorabilidade, o conceito de "bens*

---

[214] Cfr. *Procédures Civiles D'exécution, in* Nouveau Code de Procédure Civil, Éditions Dalloz, 1998, p. 1074.

AS FUNÇÕES DO AGENTE DE EXECUÇÃO

imprescindíveis a uma economia doméstica" tem variado ao longo da história, de acordo com o grau de desenvolvimento social, cultural e económico, e o padrão das necessidades essenciais para uma família deve aferir-se em função do nível sócio--cultural e económico de qualquer família média portuguesa"[215].

Estamos em crer que não será necessário fazer um grande esforço para se concluir que as pessoas que constituem uma qualquer família média portuguesa, para satisfazerem as suas necessidades essenciais relacionadas com a alimentação e o repouso, não necessitam apenas de alimentos ou de um abrigo, mas também de utensílios onde possam fazê-lo com dignidade e um mínimo de conforto.

Nessa conformidade, a definição de *bens imprescindíveis a qualquer economia doméstica* deverá ser objecto de uma análise casuística, tendo por referência o nível sociocultural e económico de qualquer família média portuguesa e a natureza e utilidade dos bens, pelo que, dentro dos pressupostos que deixámos assinalados, a título de exemplo, deverá concluir--se pela impenhorabilidade do fogão e do frigorífico, da cama e correspondente guarda-fatos, bem como da mesa de jantar e cadeiras, tudo na quantidade que se mostrar necessária ao respectivo agregado familiar.

6.2 As impenhorabilidades relativas

As impenhorabilidades relativas previstas no artigo 823º, dizem respeito aos bens que só em determinadas circunstâncias poderão ser penhorados, contemplando a primeira parte do citado normativo *o domínio privado indisponível* do Estado e demais pessoas colectivas públicas, por contraposição ao *domínio privado disponível*, que abrange os bens que se encontram aplicados a fins meramente financeiros, pretendendo-se com a indisponibilidade evitar que esses bens sejam desviados dos fins a que estão destinados.

Nesta vertente, a questão mais discutida nos tribunais está relacionada com os bens pertencentes ao Estado e às restantes pessoas colectivas públicas, a entidades concessionárias de obras ou serviços públicos ou a pessoas colectivas de utilidade pública, nos casos em que esses bens se encontram especialmente afectados à realização de fins de utilidade

---

[215] Em idêntico sentido, cfr. José Lebre de Freitas, *A Acção Executiva Depois da Reforma da Reforma*, cit. p. 220-nota 23-A.

pública, sendo certo que *"a utilidade pública do bem deverá decorrer do uso directo que dele se fizer. Tal qualificação deverá resultar do uso que o próprio bem tiver. É que este requisito não se refere à pessoa colectiva proprietária dos bens, mas antes aos próprios bens, à aplicação que lhes esteja a ser dada. Se os bens não estão afectados directamente a fins de utilidade pública podem ser penhorados. Caso contrário não podem ser penhorados"*.[216].

Se, por exemplo, o Instituto da Droga e da Toxicodependência, com vista à manutenção de um determinado número de camas destinadas à recuperação de toxicodependentes, atribui um subsídio a uma instituição particular de solidariedade social a quem foi reconhecido o estatuto de utilidade pública, esse subsídio não poderá ser penhorado.

Também uma parte das receitas do jogo de bingo concessionado a clubes desportivos estará isenta de penhora, uma vez que só poderá ser aplicada na promoção das actividades especialmente prevista no plano a elaborar nos termos dos artigos 27º e 28º, do Decreto-Lei nº 314/95, de 24 de Novembro.

Na segunda parte do preceito prevê-se a isenção de penhora dos instrumentos de trabalho e dos objectos indispensáveis ao exercício da actividade profissional do executado, a não ser que sejam indicados pelo próprio, se a execução tiver por finalidade o pagamento do preço da sua aquisição ou reparação ou ainda se foram penhorados como elementos corpóreos de um estabelecimento comercial[217].

6.3 As impenhorabilidades parciais

As impenhorabilidades parciais previstas no artigo 824º, estão directamente relacionadas com o princípio da dignidade da pessoa humana, proibindo a penhora do vencimento, salário ou prestações de natureza semelhante, quando o montante percebido seja inferior ao valor do salário mínimo nacional, actualmente fixado em € 475,00[218], nos casos em

---

[216.] Acórdão da Relação de Lisboa de 11/05/2004 (Pimentel Marcos), disponível na base de dados do ITIJ.

[217] Neste último caso, como adiante salientaremos quando abordarmos a penhora do estabelecimento comercial, se este for desde logo penhorado na sua universalidade, atendendo ao estatuído no artigo 862º-A, nº 5, posteriormente já não será possível penhorar alguma das suas partes.

[218] Cfr. Decreto-Lei nº 5/2010, de 15 de Janeiro.

que o executado não tenha outro rendimento, ou, sendo superior a este montante, impondo em 1/3 o limite máximo da penhora, a não ser que o executado aufira mensalmente valor superior a três salários mínimos nacionais à data de cada apreensão.

Por idênticas razões, proibiu-se a penhora de dinheiro ou de saldo bancário à ordem em valor global correspondente a um salário mínimo nacional (artigo 824º, nº 3) e decretou-se a impenhorabilidade de quantia em dinheiro ou depósito bancário resultantes da satisfação de crédito impenhorável, nos termos em que o era o crédito originariamente existente (artigo 824-A).

Frequentemente, vemos ser instaurada oposição à penhora com a finalidade prevista no artigo 824º, nº 4, especialmente quando, no confronto dos rendimentos com as despesas, o executado pretende a isenção ou redução da penhora efectuada no respectivo vencimento ou pensão.

Em nossa opinião, a oposição instaurada com o aludido fundamento não deverá ser admitida por não integrar a previsão do artigo 863º-A, na medida em que a penhora efectuada, desde que mantenha intocados os limites previstos no artigo 824º, n.os 1 e 2, não poderá ser considerada inadmissível[219].

Nestes casos, a penhora efectuada deve ser considerada legal e admissível, mas em face de certas circunstâncias, relacionadas com as concretas condições de vida do executado, *excepcionalmente*, poderão os seus efeitos ser reduzidos ou mesmo suspensos durante um determinado período.

A entender-se de modo diferente, designadamente por se considerar que essa circunstância suprimiria um direito do executado, estaríamos a limitar-lhe a possibilidade de poder suscitar a questão da isenção ou redução da penhora efectuada no seu salário depois de decorrido o prazo previsto para a oposição, sendo certo que, em muitos casos, as causas que fundamentam os pedidos de isenção ou redução são posteriores a esse momento.

---

[219] Esta circunstância, porém, não obsta a que a pretensão do executado seja analisada, uma vez que, por aplicação do disposto no artigo 199º, deverá ser junta ao processo executivo certidão do articulado e documentos, para aí ser decidido o incidente de isenção ou redução da penhora.

A FASE DA PENHORA

Imaginemos que, na altura em que é efectuada a penhora do respectivo vencimento, o executado aufere a retribuição[220] mensal líquida[221] de € 1.600,00 e o seu cônjuge percebe idêntica remuneração, fazendo parte do respectivo agregado familiar dois filhos em idade escolar, despendendo, para além das despesas gerais e escolares, a quantia mensal de € 800,00 para pagamento do débito contraído para aquisição de habitação.

Numa primeira análise, necessariamente superficial, poder-se-á dizer que este agregado familiar poderá (deverá[222]) suportar a penhora em 1/3 do vencimento do executado (€ 533,33), devendo considerar-se afastada a possibilidade de recurso à excepcionalidade prevista no artigo 824º, nº 4, na medida em que, apesar da penhora e depois de deduzido o valor da prestação destinada ao pagamento do crédito à habitação, a cada um dos membros do agregado familiar é garantido um rendimento mensal equivalente ao fixado para o salário mínimo nacional[223].

Porém, se um ano depois de iniciados os descontos, por qualquer razão, designadamente por falecimento, divórcio ou desemprego involuntário, os proventos do cônjuge do executado deixarem de existir, não poderemos negar a este a possibilidade de suscitar, no âmbito do processo executivo, por simples requerimento devidamente fundamentado, o pedido de isenção ou redução da penhora efectuada no seu vencimento.

E assim sendo, com todo o respeito por diferente opinião, entendemos não fazer sentido considerar a isenção ou redução da penhora a que alude o artigo 824º, nº 4, integradas na previsão da parte final da alínea a) do

---

[220] Fazem parte da retribuição todas as importâncias que, em cada período, são colocadas à disposição do executado, designadamente o vencimento base e os subsídios de alimentação, turno, assiduidade, produtividade, etc. incluindo os subsídios de férias e de Natal, na respectiva proporção, atendendo ao disposto no artigo 12º, do Decreto-Lei nº 329-A/95, de 12 de Dezembro.

[221] Só a retribuição líquida interessa considerar para efeito de penhora, já que, de outro modo, estariam a ser penhoradas importâncias que estão destinadas ao pagamento de impostos.

[222] Importa não sobrevalorizar os interesses do executado em detrimento do direito do exequente em ver satisfeito o seu crédito em tempo razoável.

[223] Aos processos iniciados após o dia 30 de Março de 2008 (cfr. artigos 22º e 23º, do Decreto-Lei nº 226/2008, de 20 de Novembro), a isenção ou redução da penhora serão efectuadas com base no rendimento relevante para efeito de protecção jurídica e no valor do Indexante de Apoios Sociais.

n.º 1, do artigo 863º-A, para logo em seguida admitir que o executado possa suscitar o respectivo incidente mesmo depois de terminado o prazo de 20 ou 10 dias, previsto no artigo 863º-B, n.º 1.

7. A Materialização da Penhora

A penhora materializa-se de forma diferente, consoante se trate de bens imóveis e de móveis sujeitos a registo, de móveis não sujeitos a registo ou de direitos.

7.1 A penhora de bens sujeitos a registo

Tratando-se de bens imóveis ou de móveis sujeitos a registo, a penhora efectua-se através da comunicação electrónica do agente de execução ao serviço de registo competente (artigos 838º e 851º).

Efectuado o registo, tratando-se de bem imóvel, o agente de execução lavra o termo de penhora e afixa na porta ou em local visível, um edital constante de modelo aprovado pelo Ministério da Justiça.

O registo provisório da penhora não obsta ao prosseguimento da execução, mas impede que se proceda à sua adjudicação, à consignação dos seus rendimentos ou à venda enquanto o registo não for convertido em definitivo.

Ressalva-se, porém, o caso de a questão ser suscitada perante o juiz da execução, podendo este, ponderados os motivos da provisoriedade, decidir que a execução não prossiga.

No caso de a penhora incidir sobre quinhão em património autónomo ou direito a bem indiviso sujeito a registo, para além do registo da penhora[224] na respectiva conservatória, por interpretação *a contrario* do disposto no artigo 862º, n.º 1 e atendendo ao estatuído nos artigos 838º e 851º, aplicáveis por força do estabelecido no artigo 863º, impõe-se ainda ao agente de execução que proceda à notificação da penhora ao administrador dos bens, se o houver, e aos contitulares, com a expressa

---

[224] Ao contrário do que se verificava no regime anterior à reforma de 2003 em que a penhora não era registável (cfr. nesse sentido, João Paulo Remédio Marques, *Curso de Processo Executivo Comum à Face do Código Revisto*, cit. p. 242, nota 677.

advertência de que o direito do executado fica à ordem do agente de execução, desde a data da primeira notificação efectuada.

Com efeito, afirmando a necessidade de se proceder à notificação do administrador e dos contitulares mesmo nos casos em que a penhora incida sobre bem sujeito a registo, salienta Fernando Amâncio Ferreira[225] que *realiza-se, todavia, de forma diversa, como resulta a contrario do nº 1 do art. 862º, a penhora incidente sobre bem (imóvel ou móvel) indiviso sujeito a registo. Aqui, face ao disposto nos arts. 838º, nº 1, 851º, nº 1, aplicáveis ex vi do art. 863º, a penhora realiza-se mediante comunicação electrónica à conservatória ou entidade competente para o registo, sem prejuízo de ulteriormente se proceder às notificações previstas naquele preceito legal.*

Rui Pinto[226] considera que, neste caso, *o registo da penhora terá lugar se houver bens imóveis ou móveis sujeitos a registo na comunhão. Esse registo é feito segundo o novo sistema do art. 838, aplicável aos móveis sujeitos a registo (cfr. art. 851º, nº 1) e ao nosso caso da penhora de direitos, por força do art. 863º. Qual o acto que deve ter lugar primeiramente: a notificação ao administrador e contitulares ou a comunicação? Não pode deixar de ser o registo, como sucede sempre que tal formalidade deve ser realizada – cfr. art. 838º, nº 1. Mas há uma diferença entre a função que o registo tem na penhora de imóveis ou de móveis sujeitos a registo, e a que desempenha na penhora de quota-parte sobre imóvel ou móvel sujeito a registo: o registo é acto constitutivo da penhora conjuntamente com a notificação aos consortes; não basta pois o registo, nem a notificação. Em concreto, a presunção resultante da inscrição registal de que a penhora teve lugar valerá enquanto não se demonstrar que houve falta daquela notificação.*

Afigura-se-nos ser de seguir o entendimento sufragado por Fernando Amâncio Ferreira e supra referido, o qual tem também a concordância de José Lebre de Freitas[227], e por essa razão, sendo julgada procedente a invocação da nulidade decorrente da falta de notificação do administrador ou dos contitulares, apenas se impõe a anulação dos actos subsequentes ao registo da penhora que forem incompatíveis com a referida nulidade (artigo 201º).

---

[225] *Curso de Processo de Execução*, cit. p. 271.
[226] *Penhora e Alienação de Outros Direitos*, Themis, nº 7, cit. p. 155.
[227] *A Acção Executiva Depois da Reforma da Reforma*, cit. p. 251-nota 18-C.

Tratando-se de veículo automóvel[228], após o registo deverá proceder--se à sua imobilização, através da imposição de selos ou de imobilizadores, apreendendo-se ainda o documento de identificação do veículo (artigo 851º e artigos 161º e 164º, n.os 3 a 8, do Decreto-Lei nº 114/94, de 3 de Maio).

Nos processos anteriores a 30 de Março de 2009, atendendo à redacção do artigo 17º, nº 1, do Decreto-Lei nº 54/75, de 12 de Fevereiro, as forças policiais só aceitavam os pedidos de apreensão que lhe fossem dirigidos directamente pelo tribunal.

Relativamente aos processos instaurados posteriormente à referida data, não tendo sido ainda publicada a Portaria prevista no artigo 851º, o procedimento deverá continuar a ser o mesmo, dado as normas do Código da Estrada ali referidas respeitarem a actos de fiscalização.

A remoção do veículo só é efectuada quando se mostre necessária para a sua salvaguarda.

Ainda no que concerne à penhora de veículo automóvel importa considerar o que foi decidido no Acórdão do Supremo Tribunal de Justiça de nº 10/2008, publicado no Diário da República I Série nº 222, de 14 de Novembro de 2008, através do qual foi fixada jurisprudência no sentido de que *«A acção executiva na qual se penhorou um veículo automóvel, sobre o qual incide registo de reserva de propriedade a favor do exequente, não pode prosseguir para as fases de concurso de credores e da venda, sem que este promova e comprove a inscrição, no registo automóvel, da extinção da referida reserva».*

7.2 A penhora de bens móveis não sujeitos a registo

No caso dos bens móveis não sujeitos a registo, a penhora realiza-se com a sua efectiva apreensão e a imediata remoção para depósitos[229] (848º, nº 1).

Da penhora lavra-se auto com a indicação do dia e da hora[230] da realização da diligência, relacionando-se os bens por verbas numeradas e

---

[228] A penhora de navios e aeronaves tem idêntico tratamento, salvo quanto à possibilidade de fazer navegar um navio penhorado, atendendo ao disposto nos artigos 852º e 853º.

[229] No que respeita à importância dos depósitos públicos e às dificuldades decorrentes da sua inexistência, veja-se o que salientámos na parte inicial deste trabalho.

[230] A indicação da hora em que a diligência é efectuada releva para efeito do disposto no artigo 871º, pelo que esta circunstância nunca deverá ser descurada.

indicando-se, sempre que possível, o valor aproximado de cada um deles (artigo 849º).

Aquando da realização da penhora, importa ter presente que, ao contrário do que estava previsto no artigo 832º, na redacção anterior à reforma de 2003, em que o funcionário poderia deixar de fazer a penhora no caso de serem exibidos documentos destinados a comprovar que os bens pertenciam a terceiro, actualmente, por força do estatuído no artigo 848º, nº 2, os bens móveis não sujeitos a registo que forem encontrados em poder do executado deverão ser penhorados mesmo que seja alegada e documentada essa circunstância.

Com efeito, no último dos referidos normativos, o legislador estabeleceu a presunção (*iuris tantum*) de que os bens encontrados em poder do executado pertencem ao mesmo e, sem prejuízo dos embargos de terceiro, impôs que essa presunção só possa ser afastada por meio de prova documental efectuada perante o juiz, através da qual se conclua, sem margem para qualquer dúvida, que a propriedade desses bens pertence a um terceiro.

7.3 A penhora de créditos[231-232]

A penhora de créditos realiza-se através de notificação ao devedor de que o crédito fica à ordem do agente de execução, devendo a mesma ser efectuada com as formalidades da citação (artigo 856º, nº 1).

Após a referida notificação, deverá o devedor declarar, no próprio acto ou nos 10 dias subsequentes, se o crédito existe, quais as garantias que o acompanham, em que data se vence e quaisquer outras circunstâncias que possam interessar à execução, sob a cominação de, nada dizendo, ser reconhecida a existência da obrigação, nos termos da indicação do crédito à penhora, ou de incorrer na responsabilidade do litigante de má fé se faltar conscientemente à verdade (artigo 856º, n.ᵒˢ 2 a 5).

Se o devedor contestar a existência do crédito, são notificados o exequente e o executado, para se pronunciarem, no prazo de 10 dias, devendo

---

[231] Para maiores desenvolvimentos acerca da penhora de créditos, cfr. João Paulo Remédio Marques, *A penhora de Créditos da Reforma Processual de 2003, Referência à Penhora de Depósitos Bancários*, Themis, nº 9, cit. pp. 137-205.

[232] Cfr. ainda Manuel Januário da Costa Gomes, *Penhora de Direitos de Crédito, Breves Notas*, Themis, nº 7, cit. pp. 105-132.

o exequente declarar se mantém a penhora ou desiste dela, sendo que, naquela primeira hipótese, o crédito passa a considerar-se litigioso e como tal será adjudicado ou transmitido (artigo 858º, n.ᵒˢ 1 e 2).

No caso de a exigibilidade da obrigação estar dependente de prestação a efectuar pelo executado e este confirmar a declaração, deve o mesmo ser notificado para satisfazer a prestação no prazo de 15 dias, podendo o exequente ou o devedor, em caso de incumprimento, promover a respectiva execução, podendo ainda o exequente substituir-se ao executado na prestação, ficando neste caso sub-rogado nos direitos do devedor (artigo 859º).

Vencendo-se a dívida, o devedor que a não tenha contestado, fica obrigado a depositar a importância em instituição de crédito à ordem do agente de execução, a apresentar o documento do depósito, ou a entregar a coisa devida ao agente de execução ou à secretaria, que funciona como seu depositário (artigo 860º, nº 1). Se o crédito já estiver vendido ou adjudicado e a aquisição tiver sido notificada ao devedor, será a prestação entregue ao respectivo adquirente (artigo 860º, nº 2).

Não sendo cumprida a obrigação, pode o exequente ou o adquirente exigir a prestação, servindo de título executivo a declaração de reconhecimento do devedor, a notificação efectuada e a falta de declaração ou o título de aquisição do crédito (artigo 860º, nº 3).

Se o devedor nada disser, nos termos do artigo 856º, nº 3 e, posteriormente, em oposição à execução, vier a demonstrar que o crédito não existia, fica o mesmo responsável pelos danos causados, nos termos gerais, liquidando-se a sua responsabilidade na própria oposição, caso o exequente, na contestação, tenha feito valer o direito à indemnização[233].

---

[233] Esta possibilidade de indemnização apenas existe quanto aos processos instaurados a partir de 15/09/2003, atendendo ao estatuído no artigo 21º, do Decreto-Lei nº 38/2003, de 8 de Março, estabelecendo que as alterações introduzidas ao Código de Processo Civil pelo referido diploma, salvo as excepções ali mencionadas, *só se aplicam nos ou relativamente aos processos instaurados a partir do dia 15 de Setembro de 2003.*

7.4 A penhora de títulos de crédito

Nos termos do artigo 857º, a penhora de direitos incorporados em títulos de crédito de natureza obrigacional[234] ou real[235], bem como os valores mobiliários titulados[236] que não estejam integrados em sistema centralizado, registados ou depositados em intermediário financeiro ou registados junto do respectivo emitente, realiza-se mediante a apreensão do título.

Se o direito incorporado no título tiver natureza obrigacional, cumprir-se-á o que está estabelecido para a penhora de direitos de crédito (artigo 857º, nº 2). Assim, sempre que existir um devedor do executado, p. ex. o subscritor de uma livrança emitida a favor do executado, deverá aquele ser notificado da penhora do crédito nos termos e para os efeitos do disposto no artigo 856º e 860º.

Os títulos de crédito apreendidos serão depositados em instituição de crédito à ordem do agente de execução (artigo 857º, nº 3).

7.5 A penhora de direitos ou expectativas de aquisição

À penhora de direitos ou expectativas de aquisição aplica-se o que está preceituado para a penhora de créditos, estipulando-se que, nos casos em que a coisa a adquirir esteja na posse ou detenção do executado, cumprir-se-á o que se encontra previsto para a penhora de móveis ou imóveis, conforme o caso, estabelecendo-se que, consumada a aquisição, a penhora passa a incidir sobre o próprio bem transmitido (artigo 860º-A).

---

[234] Como as letras, livranças, cheques ou extractos de factura.

[235] Como os conhecimentos de carga, guias de transporte, conhecimento de depósito e cautelas de penhor (ou warrants).

[236] Acções, obrigações, títulos de participação, unidades de participação em instituições de investimento colectivo, warrants autónomos, direitos destacados dos valores mobiliários anteriormente referidos desde que o destaque abranja toda a emissão ou série ou esteja previsto no acto da emissão, outros documentos representativos de situações jurídicas homogéneas, desde que sejam susceptíveis de transmissão em mercado.

7.6 A penhora de rendas, abonos, vencimentos, salários ou outros rendimentos periódicos

A penhora de rendas, abonos, vencimentos, salários ou outros rendimentos periódicos, realiza-se por notificação ao locatário, empregador ou à entidade que os deva pagar para que faça, nas quantias devidas, o desconto correspondente ao crédito penhorado e proceda ao depósito em instituição de crédito à ordem do agente de execução (artigo 860º, nº 1).

As quantias descontadas ficam indisponíveis até ao termo do prazo previsto para a dedução de oposição do executado, caso este não se oponha, ou, no caso contrário, até ao trânsito em julgado da decisão que sobre ela recaia, após o que deverão ser entregues ao exequente, se não garantirem crédito reclamado, retendo-se apenas o montante relativo às despesas de execução referido no artigo 821º, nº 3 (artigo 861º, n.ºs 2 e 3).

Relativamente aos processos iniciados após o dia 30 de Março de 2009, passou a prever-se que o agente de execução, em certos casos reduza ou isente de penhora os rendimentos do executado pelo prazo de seis meses ou proponha ao juiz a sua redução por período que considere razoável.

No que se refere à isenção, a requerimento do executado, o agente de execução, ouvido o exequente, isenta de penhora os rendimentos daquele, pelo período de seis meses, se o agregado familiar do requerente tiver um rendimento relevante para efeitos de protecção jurídica igual ou inferior a três quartos do valor do Indexante de Apoios Sociais[237].

Quanto à redução, também a requerimento do executado, depois de ouvido o exequente, o agente de execução reduzirá para metade a penhora dos rendimentos daquele, pelo prazo de seis meses, se o agregado familiar do requerente tiver um rendimento relevante para efeitos de protecção jurídica superior a três quartos e igual ou inferior a duas vezes e meia do valor do Indexante de Apoios Sociais.

Para além das referidas possibilidades de isenção ou redução, também a requerimento do executado, pode o agente de execução, ouvido o exequente, propor ao juiz a redução, por período que considere razoável, da parte penhorável dos rendimentos, ponderados o montante e a natu-

---

[237] Fixado em € 397,86, para o ano de 2007, em € 407,41, para o ano de 2008 e em € 419,22, para os anos de 2009 e 2010 (cfr. Lei nº 53-B/2006, de 29 de Dezembro, Portaria nº 9/2008, de 3 de Janeiro, Portaria nº 1514/2008, de 24 de Dezembro e Decreto-Lei n.º 323/2009, de 24 de Dezembro).

reza do crédito exequendo, bem como das necessidades do executado e do seu agregado familiar.

Ainda numa outra vertente, agora com a finalidade de aumentar o valor da quantia penhorável, poderá o agente de execução, a requerimento do exequente e ponderados o montante e a natureza do crédito exequendo e o estilo de vida e as necessidades do executado e do seu agregado familiar, ouvido o executado, propor ao juiz o afastamento do disposto no nº 3 do artigo 824º (permitindo-se a penhora de dinheiro ou de saldo bancário de valor correspondente a um salário mínimo nacional) ou ainda a redução do limite mínimo imposto no nº 2 (permitindo-se a penhora de montante inferior a um salário mínimo nacional), salvo tratando-se de pensão ou regalia social.

Importa ainda salientar que as decisões do agente de execução, relacionadas com a isenção ou a redução da penhora pelo prazo de seis meses são fundamentadas e passíveis de reclamação para o juiz (artigo 824º, nº 8[238]) e as propostas apresentadas ao juiz destinadas a reduzir a parte penhorável dos rendimentos por período superior a seis meses ou a aumentar o montante penhorável, devem conter um projecto de decisão fundamentado que o juiz pode sustentar (artigo 824º, nº 9).

Sobre a transferência das referidas competências para o agente de execução, ainda que não tenha sido conferido qualquer grau de subjectividade, impondo-se-lhe que a isenção ou a redução pelo período de seis meses seja determinada pelo valor do Indexante de Apoios Sociais e a última palavra continue a pertencer ao juiz, entendemos que a referida opção não está isenta de crítica.

Desde logo, por poder ser entendida como uma limitação do acesso ao tribunal por parte do executado, não sendo neste caso despiciendo que a intervenção judicial ocorra logo após a realização da penhora ou vários meses depois, uma vez que durante o tempo em que os descontos estiverem a ser efectuados pela proporção máxima o agregado familiar do executado poderá estar a ser privado das condições essenciais de subsistência.

---

[238] A remissão só faz sentido se referida aos n.ᵒˢ 4 e 5, já que os n.ᵒˢ 6 e 7 dizem respeito às propostas fundamentadas que o agente de execução, a requerimento do executado ou do exequente, poderá apresentar ao juiz, sendo certo que a fundamentação é exigida em ambos os casos.

Depois, considerando o excesso de trabalho de alguns agentes de execução, nada garante que a questão seja analisada em tempo útil, daí que a manter-se a referida opção, seria aconselhável a imposição de um prazo limite para a respectiva decisão a partir do qual a penhora deveria considerar-se suspensa.

7.7 A penhora de depósitos bancários

Em conformidade com o disposto no artigo 861º-A, a penhora que incida sobre depósito existente em instituição bancária, depois de judicialmente autorizada, é efectuada por meio de comunicação dirigida directamente à entidade respectiva (preferencialmente por comunicação electrónica), aplicando-se as regras referentes à penhora de créditos, com a menção expressa de que o saldo existente, ou a quota-parte do executado nesse saldo, fica cativo desde a data da notificação e, sem prejuízo do que se dispõe no seu nº 10, só poderá ser movimentado pelo agente de execução até ao limite estabelecido no artigo 821º, nº 3.

Sendo vários os titulares do depósito, a penhora incide sobre a quota--parte do executado, presumindo-se que as quotas são iguais. Assim, *quer se trate de conta-conjunta (que só pode ser movimentada, em simultâneo, por todos os seus titulares), conta-solidária, ou conta em regime misto (aí onde alguns dos co-depositantes só podem movimentar a conta em conjunto com outros), funciona sempre a presunção do artigo 861º/2. Com o que se presume, iuris tatum, que as quotas-partes são iguais, recaindo a penhora sobre a quota-parte do executado da conta colectiva*[239].

A entidade notificada deverá comunicar ao agente de execução, no prazo de 10 dias, o montante dos saldos existentes ou a inexistência de conta ou saldo, comunicando, seguidamente, ao executado, a penhora efectuada (artigo 861º-A, nº 8).

Não sendo possível a identificação da conta bancária, a penhora será efectuada nos saldos de todos os depósitos existentes na instituição ou instituições notificadas até ao limite previsto no artigo 821º, nº 3 (obser-vando-se sucessivamente os critérios de preferência previstos no artigo 861º-A, nº 5).

---

[239] João Paulo Remédio Marques, *A penhora de Créditos da Reforma Processual de 2003, Refe-rência à Penhora de Depósitos Bancários*, Themis, nº 9, cit. p. 145.

Neste caso, a cativação da totalidade do saldo existente apenas se efectua depois de comunicação expressa do agente de execução a confirmar a realização da penhora.

Mostrando-se excedido o limite previsto no artigo 821º, nº 3, deverá o agente de execução reduzir de imediato a penhora efectuada.

7.8 A penhora de direito a bens indivisos ou em quotas de sociedade

Se a penhora tiver por objecto quinhão em património autónomo ou direito a bem indiviso não sujeito a registo[240], a diligência consiste unicamente na notificação do facto ao administrador dos bens, se o houver, e aos contitulares, com a expressa advertência de que o direito do executado fica à ordem do agente de execução, desde a data da primeira notificação efectuada.

Na penhora de quota em sociedade, além da comunicação à conservatória de registo competente, nos termos do artigo 838º, nº 1, é feita a notificação à sociedade, aplicando-se o disposto no Código das Sociedades Comerciais quanto à execução da quota.

7.9 A penhora de estabelecimento comercial

A penhora do estabelecimento comercial também se efectua através da elaboração de um auto onde se relacionam os bens que o integram, aplicando-se as disposições relativas à penhora de créditos se do mesmo fizerem parte bens dessa natureza, incluindo o direito ao arrendamento (artigo 862º-A, nº 1).

Importa ter presente que a penhora do estabelecimento comercial na sua universalidade não afecta a penhora anteriormente efectuada sobre bens que o integram, mas impede a penhora posterior sobre bens nele compreendidos (artigo 862º-A, nº 5).

E também convém não esquecer que os instrumentos de trabalho e os objectos indispensáveis ao exercício da actividade ou formação profissional do executado, sendo elementos corpóreos do estabelecimento comercial, são passíveis de penhora (artigo 823º, nº 2, alínea c)).

---

[240] Relativamente à penhora de bens indivisos, móveis ou imóveis, sujeitos a registo, veja-se o que deixámos salientado aquando da análise da penhora de bens sujeitos a registo.

No caso de estarem compreendidos no estabelecimento comercial bens ou direitos sujeitos a registo, deve o exequente promover a realização desse registo nos termos gerais, quando pretenda impedir que sobre eles possa recair penhora ulterior.

A penhora de estabelecimento comercial na sua universalidade não obsta ao seu normal funcionamento, sob a gestão do executado, podendo, contudo, ser nomeada pessoa que o fiscalize, aplicando-se a esta, com as necessárias adaptações, os preceitos referentes ao depositário. No caso de o exequente, fundamente, se opor a que o executado prossiga na gestão do estabelecimento, será designado um administrador, com poderes para proceder à sua gestão ordinária.

No que respeita à competência para a designação do administrador ou para a nomeação da pessoa que há-de fiscalizar a gestão do executado, uma vez que a redacção do artigo 862º-A se mantém inalterada desde 2003[241] e considerando a importância atribuída ao estabelecimento comercial, nomeadamente no que respeita aos actos atinentes à sua penhora e venda (cfr. artigos 812º-C, alínea d), 834º, nº 2 e 901º-A), entendemos que a mesma deverá pertencer ao respectivo juiz, a quem competirá igualmente apreciar a oposição deduzida pelo exequente contra a atribuição da gestão ao executado.

8. O Depositário dos Bens Penhorados

No modelo da acção executiva posterior à reforma de 2003, estabeleceu-se como regra que o depositário dos bens penhorados deverá ser o agente de execução[242], podendo ainda ser constituído depositário o executado, ou outra pessoa por este designada, se o exequente conceder autorização para tal, sendo relevante salientar que, depois de efectuada a designação do depositário, este só poderá ser removido se deixar de cumprir os deveres do seu cargo (artigo 845º).

---

[241] Esta circunstância tem relevância, uma vez que, nas alterações de 2008, nos casos em que o legislador pretendeu afirmar a transferência de competências para o agente de execução, declarou-o expressamente (cfr. a título de exemplo, o disposto nos artigos 824º e 871º, nº 2).
[242] Que não seja oficial de justiça porque, neste caso, será a pessoa por este designada.

Porém, se o bem penhorado for a casa de habitação do executado, se estiver arrendado[243] ou se for objecto de direito de retenção, em consequência de incumprimento contratual judicialmente verificado, o depositário será o executado, o arrendatário[244] ou o retentor, respectivamente (artigo 839º, nº 1).

A primeira das referidas excepções justifica-se pelo facto de o executado já se encontrar a fruir do imóvel e ter nele instalado o centro da sua vida familiar, pelo que o seu desapossamento nesta fase do processo, apenas com a finalidade de o entregar a um depositário, por desproporcionado, poderia ser considerado ofensivo do disposto nos artigos 65º, nº 1 e 67º, nº 1 da Constituição.

A excepção relacionada com o arrendamento do imóvel também se destina a cumprir as finalidades que deixámos assinaladas relativamente ao executado, relevando ainda o facto de o arrendatário ser titular do direito de preferência que decorre do disposto no artigo 1091º, do Código Civil, desde que o contrato de arrendamento tenha sido celebrado há mais de três anos[245], sendo graduado imediatamente acima do direito de preferência conferido ao proprietário do solo pelo artigo 1535º do mesmo diploma.

Após ter sido investido na respectiva função, o depositário fica obrigado a depositar as rendas em dinheiro que se forem vencendo, em instituição de crédito, à ordem do agente de execução[246] (artigo 839º, nº 3), o qual, por sua vez, findo o prazo previsto para a dedução da oposição ou, tendo esta sido deduzida, após o trânsito em julgado da respectiva decisão, procederá à sua entrega ao exequente, caso não garantam crédito reclamado, retendo apenas o montante relativo às despesas de execução referido no artigo 821º, nº 3 (artigo 861º, nº 3, aplicável por força do disposto no artigo 839º, nº 3).

---

[243] Esta excepção deverá ser extensiva também ao comodatário, atendendo ao estatuído nos artigos 1037º, nº 2 e 1133º, nº 3, do Código Civil.

[244] Se forem vários os arrendatários do prédio penhorado, o agente de execução escolherá aquele que de entre eles deverá desempenhar as funções de depositário, o qual assumirá também a obrigação de cobrar as rendas devidas pelos outros (artigo 839º, nº 2).

[245] No domínio do RAU (artigo 47º, nº 1) o referido prazo era apenas de um ano.

[246] Se as funções de agente de execução foram desempenhadas por oficial de justiça, as rendas deverão ser depositadas à ordem da respectiva secretaria.

Finalmente, no que concerne ao direito de retenção cujo incumprimento contratual foi judicialmente verificado, a atribuição da função de depositário ao retentor justifica-se pelo facto de assistir a este o direito de conservar a posse da coisa para ser pago pelo valor da sua venda[247], sendo certo ainda que a entrega da coisa faria cessar o respectivo direito de retenção. Este direito extingue-se com a venda da coisa em processo executivo do mesmo modo que cessa o direito de hipoteca (artigo 761º, do Código Civil).

9. A Tomada de Posse e o Auxílio da Força Pública

Mesmo que não venha a ser o depositário dos bens penhorados, o agente de execução deverá assegurar a posse efectiva dos mesmos, se necessário com recurso ao auxílio das forças policiais (artigo 840º).

No que respeita à requisição do auxílio da força pública, tratando-se de penhora em domicílio, entendemos que o disposto no artigo 840º, nº 2, não tem qualquer aplicabilidade prática, uma vez que o agente de execução só poderá entrar no mesmo, sem o consentimento do seu titular, se tiver a autorização do juiz, atendendo ao disposto no artigo 34º, nº 2 da Constituição.

10. Os Efeitos da Penhora

Os efeitos da penhora, no que respeita ao exequente, encontram-se previstos no artigo 822º, do Código Civil, estipulando-se que, fora dos casos especialmente previstos na lei, o exequente adquire pela penhora o direito de ser pago com preferência a qualquer outro credor que não tenha garantia real anterior, tendo-se ainda em consideração que se os bens tiverem sido previamente arrestados, a anterioridade da penhora reporta-se à data do arresto.

Para além do direito real de garantia conferido ao exequente por força da penhora, existem outros direitos reais de garantia previstos no Código

---

[247] No que respeita ao direito de retenção reconhecido por sentença, veja-se o acórdão do Supremo Tribunal de Justiça de 20/05/2010 (Hélder Roque), disponível na base de dados do ITIJ, graduando o direito de retenção à frente da hipoteca.

Civil[248], como é o caso da consignação de rendimentos (artigos 656º a 665º), do penhor de móveis, créditos ou outros direitos não susceptíveis de hipoteca (artigos 666º a 685º), das hipotecas legais, judiciais ou voluntárias (artigos 686º a 732º), dos privilégios creditórios mobiliários e imobiliários, gerais ou especiais, sendo que os previstos no Código Civil são sempre especiais (artigos 733º a 753º) e do direito de retenção (artigos 754º a 761º), bem como os previstos em legislação especial, designadamente nas leis do fisco e da segurança social.

Quanto ao executado, impõe-se referir que este, pela penhora, fica privado dos poderes de gozo relativamente à coisa penhorada, os quais são transferidos para o tribunal através de um depositário.

Assim, p. ex. nos termos do artigo 22º, nº 1, do Decreto-Lei nº 54/75, a penhora do veículo envolve a proibição de o mesmo circular.

Relativamente aos poderes de disposição, estabelece-se no artigo 819º, do Código Civil, que, sem prejuízo das regras do registo, são inoponíveis à execução os actos de disposição, oneração ou arrendamento dos bens penhorados.

Em face da referida disposição legal, deverá entender-se que o executado continua a manter a capacidade para dispor dos bens penhorados, determinando a penhora apenas uma ineficácia relativa na medida em que inviabilize a finalidade da execução.

Assim, se o executado proceder à transmissão dos bens penhorados, a ineficácia relativa cessará se o terceiro adquirente ou o próprio executado pagarem os respectivos créditos ao exequente e aos credores com garantia real sobre os bens.

Nessa conformidade, concluir-se-á que os actos de disposição relativos à coisa penhorada são inoponíveis à execução e, por isso, ineficazes, mas esta ineficácia não precisa de ser declarada pelo tribunal e cessará logo que a penhora seja levantada, readquirindo os actos de disposição eficácia plena.

---

[248] Ainda que com reduzido interesse para o agente de execução, uma vez que continua a pertencer ao juiz a competência para a verificação e graduação dos créditos.

11. A Citação do Executado, do Cônjuge e dos Credores

Efectuada a penhora, estando o executado presente, o agente de execução cita-o de imediato para no prazo de 20 dias pagar ou opor-se à execução (artigos 812º-E, nº 5, 813º, nº 1 e 864º, nº 2). Não estando o executado presente no acto da penhora, a referida citação será efectuada no prazo de cinco dias, contados da realização da última penhora.

Se o executado tiver sido citado previamente à penhora, após a realização desta é o mesmo notificado[249] para, querendo, no prazo de 10 dias, deduzir oposição à penhora (artigos 863º-B, nº 1, alínea b) e 864º, nº 8).

Ainda no referido prazo de cinco dias, o agente de execução procede à citação do cônjuge do executado quando a penhora tenha recaído sobre bens imóveis ou estabelecimento comercial[250] que o executado não possa alienar livremente, ou sobre bens comuns do casal, para os efeitos constantes do artigo 864º-A[251] e, sendo caso disso, para declarar se aceita a comunicabilidade da dívida, nos termos do artigo 825º.

Nos casos em que o título executivo resulte de uma acção declarativa de condenação apenas intentada contra um dos cônjuges ou quando só um deles se obrigou no título dado à execução, pretendendo-se penhorar bens comuns do casal, impõe-se proceder à citação do cônjuge não executado, nos termos do artigo 825º, nº 1, podendo este, no prazo previsto para a oposição, requerer a separação de bens ou juntar certidão comprovativa da pendência de acção em que a separação já tenha sido requerida.

Se o título executivo não resultar de uma sentença, o exequente poderá ainda *fundamentadamente* alegar que a dívida é comum, sendo neste caso citado o cônjuge não executado para, em alternativa e no prazo previsto

---

[249] Devendo esta notificação ser feita na pessoa do mandatário judicial, se tiver sido constituído (artigo 253º, nº 1).

[250] Com a referida citação, visa-se harmonizar o regime da acção executiva, pelo menos parcialmente com as regras de direito substantivo que fazem depender a alienação de bens imóveis e do estabelecimento comercial do consentimento de ambos os cônjuges. (Para análise desta questão e de outras relacionadas com o regime executivo das dívidas dos cônjuges, cfr. Maria José Capelo, *Pressupostos Processuais Gerais na Acção Executiva – A Legitimidade e as Regras de Penhorabilidade*, Themis, nº 7, cit. pp. 79-104).

[251] Para além de poder requerer a separação de bens, ao cônjuge do executado é ainda permitido, nas circunstâncias previstas nos artigos 864º, nº 3, alínea a) e 864º-A, deduzir oposição à execução ou à penhora e a exercer, no apenso de verificação e graduação de créditos e na fase do pagamento, todos os direitos que a lei processual confere ao executado.

para a dedução de oposição, declarar se aceita a comunicabilidade da dívida, baseada no fundamento alegado, com a cominação de, se nada disser, a dívida ser considerada comum para os efeitos da execução e sem prejuízo da oposição que contra ela deduza (artigo 825º, nº 2[252]).

Sendo a dívida considerada comum, a execução prossegue também contra o cônjuge não executado, cujos bens próprios podem nela ser subsidiariamente penhorados. Neste caso, o executado inicial tem a faculdade de pedir a substituição da penhora dos seus bens próprios, se os bens comuns forem suficientes para garantia da dívida exequenda (artigo 825º, nº 3).

Tendo o cônjuge recusado a comunicabilidade da dívida, a execução prosseguirá sobre os bens comuns se o mesmo não requerer a separação de bens ou não apresentar a certidão comprovativa da pendência da acção (artigo 825º, nº 4).

Não tendo o exequente invocado a comunicabilidade da dívida nos termos supra referidos, qualquer dos cônjuges poderá, no prazo da oposição, requerer a separação de bens ou juntar certidão de acção pendente, sob pena de a execução prosseguir quanto aos bens comuns penhorados (artigo 825º, nº 5).

Sendo apresentado o requerimento com vista à separação de bens, o respectivo inventário correrá por apenso à acção executiva e terá a tramitação prevista para o processo de inventário em geral, com as especificidades previstas nos artigos 1404º e 1406º, tendo a sua instauração, como consequência, a suspensão da execução até à partilha, circunstância que também ocorrerá se for apresentada a certidão comprovativa da pendência da acção de separação.

Na prática do passado verificou-se, com alguma frequência, que alguns agentes de execução, sem que se mostrassem verificados os pressupostos previstos no artigo 825º, nº 2, procediam à citação do cônjuge do executado para que este, no respectivo prazo, declarasse se aceitava a comunicabilidade da dívida.

---

[252] Como refere Miguel Teixeira de Sousa (*A Reforma da Acção Executiva*, cit. p. 93), *em concreto, o disposto no artº 825º, nº 2, traduz-se em impor ao exequente o ónus de, para assegurar a legitimidade processual do cônjuge do executado numa execução relativa a uma dívida comum (cfr. artº 28º-A, nº 3), requerer a citação do cônjuge deste.*

Este procedimento, para além de dever ser considerado incorrecto por consubstanciar a prática de um acto inútil, não deverá traduzir-se em qualquer consequência processual, devendo a citação efectuada ser considerada de nenhum efeito.

De facto, para que a citação do cônjuge não executado tenha relevância processual impõe-se que o título dado à execução não seja uma sentença e que o exequente tenha alegado a comunicabilidade da dívida através de adequada fundamentação inserta no anexo do requerimento executivo destinado às declarações complementares.

Fora das referidas circunstâncias, em nossa opinião, devem os agentes de execução abster-se de proceder à citação do cônjuge do executado que tenha por finalidade apenas a declaração de aceitação da comunicabilidade da dívida, nos termos e para os efeitos do disposto no artigo 825º, nº 2.

De qualquer modo, se tiverem sido penhorados abonos, vencimentos ou salários, as citações do executado e do seu cônjuge[253] serão efectuadas simultaneamente com a notificação do empregador destinada a dar-lhe conhecimento da quantia a penhorar (artigo 864º, nº 5)[254].

O agente de execução deverá ainda, no mencionado prazo de cinco dias, proceder à citação dos credores que sejam titulares de direito real de garantia, registado ou conhecido, para reclamarem o pagamento dos seus créditos pelo produto dos bens penhorados.

E deverá igualmente proceder à citação das entidades referidas nas leis fiscais com vista à defesa dos possíveis direitos da Fazenda Pública, bem como do Instituto da Segurança Social, IP, e do Instituto de Gestão Financeira da Segurança Social, IP, estes com vista à defesa dos direitos da segurança social.

---

[253] A citação do cônjuge do executado justifica-se pelo facto de os rendimentos do trabalho serem considerados comuns no regime da comunhão de adquiridos (cfr. artigo 1724º, alínea a), do Código Civil), daí entendermos que só não deverá ser efectuada se existir no processo informação segura de que o executado contraiu casamento no regime de separação.

[254] Na prática, esta norma só tem utilidade para o executado e seu cônjuge, atendendo às limitações decorrentes do disposto no artigo 865º, nº 4, alínea a), não permitindo a reclamação de créditos decorrentes de privilégio creditório geral, mobiliário ou imobiliário, quando sejam penhorados os referidos rendimentos.

As entidades referidas nas leis fiscais são os chefes dos serviços periféricos locais da área do domicílio fiscal ou da sede do executado (artigo 80º, nº 1, do Código de Procedimento e de Processo Tributário), como tal considerados nos artigos 6º e 7º da parte preambular do Decreto-Lei nº 433/99, de 27 de Outubro, diploma que aprovou o Código de Procedimento e de Processo Tributário.

Capitulo VII
A Fase do Pagamento

1. Considerações Gerais

O pagamento ao exequente e/ou aos credores reclamantes, se os houver, poderá ser efectuado pela entrega de dinheiro, adjudicação dos bens penhorados, consignação judicial dos seus rendimentos ou pelo produto da respectiva venda (artigo 872º, nº 1).

Sem prejuízo dos pagamentos a efectuar no termo do processo e que em seguida serão analisados, o agente de execução deverá ao longo do processo proceder a pagamentos parciais ao exequente até ao montante equivalente ao valor da dívida exequenda, no caso de a penhora ter incidido sobre rendas, abonos, vencimentos, salários (artigo 861º, nº 3) ou em depósitos bancários (artigo 861º-A, nº 13).

Estes pagamentos parciais ao exequente estão, contudo, condicionados à verificação de duas circunstâncias: em primeiro lugar, que tenha decorrido o prazo para a dedução da oposição ou, tendo esta sido deduzida, que haja sido julgada improcedente por sentença transitada em julgado e, em segundo lugar, que as importâncias penhoradas não garantam crédito reclamado.

De qualquer modo, o agente de execução não poderá entregar ao exequente a totalidade das importâncias em cada momento penhoradas, devendo sempre, aquando de cada entrega, reter a quantia fixada a título de despesas de execução prevista no artigo 821º, nº 3.

E também não deverá restituir ao executado o remanescente dos valores apurados no processo em consequência de penhora, depois de pago o exequente e os demais credores, sem previamente averiguar da inexistência de dívidas fiscais, atendendo ao estatuído no artigo 81º, do Código do Processo e do Procedimento Tributário.

Finalmente, o agente de execução deverá ainda ter sempre presente que, sendo a execução baseada em sentença ainda em recurso ou estando pendente a oposição à execução e/ou à penhora, não poderá proceder a pagamentos (ao exequente ou a qualquer credor) sem que seja prestada caução (artigos 47º, nº 3 e 818º, nº 4).

2. A Entrega de Dinheiro

Existindo em depósito quantias resultantes de penhora em moeda corrente, depósito bancário em dinheiro ou outro direito de crédito pecuniário em quantidade suficiente para pagar ao exequente e aos credores que antes dele devam ser pagos por essas importâncias, o agente de execução deverá proceder aos respectivos pagamentos, observando a ordem fixada na sentença de graduação de créditos, se existir.

3. A Adjudicação

Salvo nos casos em que a penhora tenha recaído sobre bens que devam ser vendidos nas bolsas (artigo 902º) ou estejam sujeitos a venda directa (903º), o exequente ou qualquer credor reclamante, este no que respeita aos bens em relação aos quais tenha invocado garantia, pode requerer que os bens penhorados lhe sejam adjudicados para pagamento, total ou parcial, do respectivo crédito, devendo, para o efeito, indicar o preço que oferece, não podendo este ser inferior a 70% do valor base dos bens (artigo 875º, n.ºs 1 a 3 e 889º, nº 2).

Se o pedido de adjudicação tiver sido apresentado depois de anunciada a venda por meio de propostas em carta fechada, esta não será sustada, sendo a pretensão do requerente (exequente ou credor reclamante) considerada se não for apresentada proposta de valor superior (artigo 875º, nº 4).

E deverá ainda entender-se, por interpretação extensiva do disposto no artigo 877º, nº 3, que o pedido de adjudicação poderá ser apresentado depois de frustrada a venda por meio de propostas em carta fechada, sem necessidade de nova publicitação, desde que o proponente ofereça montante igual ou superior ao fixado no artigo 875º, nº 2.

Compete ao agente de execução proceder à publicitação da adjudicação, anunciando o preço oferecido e o dia, a hora e o local designados para a abertura das propostas, com a antecipação de 10 dias, por meio de anúncio em página informática de acesso público e de edital a afixar na porta dos prédios urbanos a vender (artigos 876º, nº 1 e 890º, este regulamentado pelo artigo 35º, da Portaria nº 331-B/2009, de 30 de Março).

Do dia, hora e local designados para a abertura de propostas, deverão igualmente ser notificados o executado, aqueles que podiam requerer a adjudicação e, bem assim, os titulares do direito de preferência, legal ou convencional com eficácia real, na alienação dos bens.

A competência para a adjudicação pertence ao agente de execução (artigo 875º, nº 4), devendo o juiz assistir ao acto de abertura de propostas no caso de se tratar de imóvel ou ainda quando, tratando-se de estabelecimento comercial de valor superior a 500 UC, o juiz assim o determine (artigos 876º, nº 3 e 901º-A).

Executando-se sentença ainda em recurso ou estando pendente oposição à execução e/ou à penhora, a adjudicação não deverá ser efectuada, sobrestando-se na prática do acto até que a sentença exequenda transite em julgado ou seja proferida sentença no apenso de oposição, transitada em julgado, a não ser que o adjudicatário preste caução nos termos já referidos[255].

4. A Consignação Judicial de Rendimentos[256]

Tendo sido penhorado imóvel ou móvel sujeito a registo, enquanto não se proceder à sua venda ou adjudicação, o exequente poderá requerer ao agente de execução que, em pagamento do seu crédito, lhe sejam consignados os rendimentos provenientes do mesmo.

---

[255] Em conformidade com o disposto no artigo 872º, a adjudicação é uma forma de pagamento, pelo que, pelas razões já salientadas, não poderá a mesma ser efectuada na pendência do recurso ou da oposição, se não for prestada caução.

[256] A consignação de rendimentos como direito real de garantia, encontra-se prevista nos artigos 656º a 665º, do Código Civil.

A consignação de rendimentos será efectuada se, ouvido o executado, este não requerer que se proceda à venda dos bens.

Não haverá lugar à citação dos credores se a consignação tiver sido requerida antes da prática desse acto e o executado não requeira a venda dos bens (artigo 879º, nº 3), justificando-se a desnecessidade do concurso de credores pelo facto de os direitos reais de gozo e de garantia se manterem inalterados, dado não haver lugar à transmissão dos bens.

A consignação efectua-se por comunicação à respectiva conservatória nos termos previstos para a penhora de imóveis, operando-se o seu registo por averbamento ao registo da penhora (artigo 879º).

Em caso de locação, a consignação é notificada aos locatários e, não havendo ainda locação ou devendo ser celebrado novo contrato, os bens são locados pelo agente de execução, mediante propostas ou por meio de negociação particular, observando-se as formalidades prescritas para a venda de bens penhorados.

Pagas as custas da execução, as rendas serão recebidas pelo consignatário até ao valor do seu crédito, ficando o mesmo na posição de locador, mas sem poder resolver o contrato ou tomar qualquer decisão relativa aos bens.

A execução extingue-se depois de efectuada a consignação e pagas as custas, procedendo-se ao levantamento das penhoras que incidam em outros bens.

Se os bens vierem a ser vendidos ou adjudicados, livres do ónus da consignação, o consignatário será pago do saldo do seu crédito pelo produto da venda ou adjudicação, com a prioridade da penhora a cujo registo a consignação foi averbada (artigo 881º, nº 2).

5. O Pagamento Em Prestações

Mediante acordo de exequente e executado, poderá ainda a dívida exequenda ser paga em prestações, desde que ambos requeiram ao agente de execução a suspensão da instância executiva e apresentem o plano de pagamento acordado.

O requerimento poderá ser apresentado até à transmissão do bem penhorado, salvo se tiver lugar a venda por meio de propostas em carta fechada, caso em que terá de ser formulado até à aceitação de proposta apresentada (artigo 882º, n.ºs 1 e 2).

Em nossa opinião, para que a execução seja suspensa nos termos referidos, não se mostra necessário que o acordo seja subscrito por todos os executados, podendo sê-lo apenas por um deles. Neste caso, estando pendente oposição à execução deduzida por executado não subscritor do acordo de pagamento em prestações, entendemos que a este deverá ser permitido optar pela continuação do apenso de oposição ou pela sua suspensão até ao termo do prazo previsto para o pagamento em prestações ou ao prosseguimento da execução em caso de incumprimento.

Em princípio, nada sendo convencionado em sentido contrário, a penhora efectuada manter-se-á até integral pagamento como garantia do crédito exequendo, podendo ainda exequente e executado convencionar outras garantias adicionais ou substituir a resultante da penhora (artigo 883º, n.os 1 e 2).

A falta de pagamento de qualquer das prestações, nos termos acordados, importa o vencimento imediato das seguintes, podendo o exequente requerer o prosseguimento da execução para satisfação do remanescente do seu crédito (artigo 884º).

A sustação da execução ficará sem efeito se algum credor reclamante, cujo crédito esteja vencido, requerer o seu prosseguimento para satisfação do seu crédito, caso em que o exequente, notificado para o efeito, poderá declarar que desiste da garantia resultante da penhora ou requerer também o prosseguimento da execução para pagamento do remanescente do seu crédito, ficando sem efeito o pagamento em prestações acordado (artigo 885º, nº 2).

A notificação ao exequente deverá ser efectuada sob a cominação de, nada dizendo, se entender que desiste da penhora já efectuada, caso em que o requerente assumirá a posição de exequente, aplicando-se, com as necessárias adaptações, o disposto no artigo 920º, n.os 2 a 4 (artigo 885º, n.os 3 e 4).

6. A Venda dos Bens Penhorados

Não dispondo a lei diversamente, cabe ao agente de execução a decisão sobre a modalidade da venda, o valor base dos bens e a eventual formação de lotes, depois de ouvidos o exequente, o executado e os credores com garantia sobre os bens a vender, podendo qualquer deles, discor-

AS FUNCÕES DO AGENTE DE EXECUÇÃO

dando da decisão, reclamar para o juiz que decidirá sem possibilidade de recurso (artigo 886º-A).

Para a fixação do valor base dos bens, o agente de execução, quando considere vantajoso ou lhe seja proposto por qualquer interessado, promoverá as diligências que forem necessárias para determinar o seu valor de mercado, salvo tratando-se de bens imóveis avaliados para efeitos tributários há menos de três anos, porque neste caso será esse o valor a fixar.

Excluindo a venda em bolsas de capitais ou de mercadorias (artigo 902º) e a venda directa (artigo 903º) e não relevando a previsão da venda em depósito público ou equiparado (artigo 907º-A)[257] ou em leilão electrónico (artigo 907º-B)[258], em termos práticos, para a decisão do agente de execução apenas fica a possibilidade da venda mediante propostas em carta fechada (artigo 889º), por negociação particular (artigos 904º) ou em estabelecimento de leilão (artigo 906º).

Verificando-se o acordo de exequente, executado e credor reclamante com garantia sobre o bem a vender, a venda será efectuada nos termos acordados, podendo esse acordo ser objecto de manifestação expressa ou consistir na venda por meio de negociação particular nos casos em que exequente ou executado propõe um comprador ou um preço e se verifica a aceitação de todos os demais (artigo 904º, alíneas a) e b)) ou, ainda, na venda em estabelecimento de leilão, quando qualquer deles proponha a venda em determinado estabelecimento e nenhum dos outros manifeste a sua oposição (artigo 906º, nº 1, alínea a)).

Fora dos casos supra referidos, a venda por negociação particular só terá lugar quando haja urgência na sua realização, reconhecida pelo juiz, ou quando se frustre a venda por propostas em carta fechada (artigos 886º-C, nº 3, 895º, nº 2 e 904º, alíneas c) e d))[259]. Por sua vez, a venda em estabelecimento de leilão apenas será efectuada tratando-se de coisa móvel e o agente de execução, atentas as suas características, entenda não haver vantagem na sua venda por negociação particular (artigo 906º, nº 1, alínea b)).

Nas demais situações, quando a penhora recaia sobre bens imóveis ou estabelecimento comercial de valor superior a 500 UC, a venda deverá

[257] Dada a sua inexistência.
[258] Ainda por regulamentar.
[259] Não se fazendo qualquer referência aos casos em que a venda em depósito público ou equiparado ou em leilão electrónico se tenha frustrado, pelas razões já referidas.

A FASE DO PAGAMENTO

ser efectuada por meio de propostas em carta fechada (artigo 889º, nº 1 e 901º-A, nº 1), observando-se quanto às notificações a efectuar, à publicidade da venda e à intervenção do juiz, o que deixámos salientado para a adjudicação.

Regista-se, porém, que se a sentença exequenda ainda estiver pendente de recurso ou se a oposição à execução e/ou à penhora não tiver sido objecto de decisão final com trânsito em julgado, essa circunstância deverá constar do edital e do anúncio, destinando-se essa menção a alertar os eventuais proponentes de que a venda poderá ficar sem efeito se a sentença exequenda for anulada ou revogada ou se a oposição à execução ou à penhora for julgada procedente (artigo 890º, nº 5 e 909º, nº 1, alínea a)).

A venda realiza-se no tribunal onde a acção executiva corre os seus termos, sem prejuízo de o juiz, oficiosamente ou a requerimento dos interessados, ordenar que seja efectuada no tribunal da situação dos bens (artigo 889º, nº 3).

As propostas deverão ser apresentadas até ao dia e hora designados para a sua abertura, devendo os proponentes juntar às mesmas, a título de caução, um cheque visado, à ordem do agente de execução, no montante correspondente a 5% do valor anunciado para a venda[260], ou garantia bancária no mesmo valor.

Atendendo ao estatuído na parte final do nº 2 do artigo 897º, deverá concluir-se que a falta de apresentação de cheque visado ou da garantia bancária, nos termos referidos, não constitui fundamento para a recusa liminar da respectiva proposta, devendo a mesma ser submetida à apreciação dos interessados nos termos gerais (artigo 894º).

Ao acto de abertura de propostas deverá assistir o agente de execução, a quem compete a elaboração do respectivo auto (artigo 899º), podendo ainda estar presente o exequente, o executado, os credores reclamantes de créditos com garantia sobre os bens a vender, os proponentes e os titulares de direito de preferência (artigos 893º, nº 1 e 896º, nº 1), salientando-se que as irregularidades relativas à abertura, licitação, sorteio, apreciação e aceitação das propostas só podem ser arguidas no próprio acto.

---

[260] Na redacção anterior às alterações de 2008, o cheque visado deveria ser correspondente a 20% do valor anunciado para a venda, não se compreendendo a razão para uma redução tão acentuada.

No dia e hora designados, procede-se à abertura das propostas apresentadas e no caso de o preço mais elevado ter sido oferecido por mais de um proponente, abre-se logo licitação entre eles, salvo se declararem que pretendem adquirir em compropriedade. Estando presente só um dos proponentes pode esse cobrir a proposta dos outros e se nenhum estiver presente ou nenhum quIser cobrir a proposta dos outros, procede-se a sorteio para determinar qual a proposta que deverá prevalecer.

Logo após a abertura ou depois de efectuada a licitação ou o sorteio nos termos referidos, as propostas são apreciadas pelo executado, exequente e credores que hajam comparecido. Se nenhum estiver presente considera-se aceite a proposta de maior preço, salvo se a mesma for inferior ao valor base fixado no artigo 889º, nº 2.

A circunstância de uma proposta ser de valor inferior a 70% do valor base dos bens não impõe necessariamente a sua recusa, uma vez que exequente, executado e a totalidade dos credores reclamantes poderão acordar na sua aceitação (artigo 894º, nº 3).

Sendo aceite alguma proposta, procede-se à notificação do proponente ou preferente para, no prazo de 15 dias, depositar em instituição de crédito, à ordem do agente de execução, a totalidade ou a parte do preço em falta (artigo 897º, nº 2), ficando o exequente dispensado de depositar a parte do preço que não seja necessária para pagar aos credores graduados antes dele e não exceda a importância que tem direito a receber, gozando de igual faculdade o credor com garantia sobre os bens que adquirir (artigo 887º, nº 1).

Não sendo depositado o preço, poderá o agente de execução, ouvidos os interessados na venda, determinar que a mesma fique sem efeito e aceitar a proposta de valor imediatamente inferior, determinar que a venda fique sem efeito e efectuar nova venda por modalidade mais adequada, ou ainda, liquidar a responsabilidade do proponente ou preferente remisso, promovendo perante o juiz o arresto em bens suficientes para garantir o valor em falta, acrescido das custas e despesas e sem prejuízo de procedimento criminal, procedendo-se à execução desse valor no próprio processo, assumindo o faltoso também a qualidade de executado.

Os titulares do direito de preferência deverão exercer o seu direito no próprio acto (artigo 896º), podendo ainda o preferente que o não tenha exercido efectuar, no prazo de cinco dias, contados do termo do prazo do proponente ou preferente faltoso, o depósito do preço por este oferecido, sem necessidade de nova notificação, a ele se fazendo a adjudicação.

Efectuado o pagamento do preço e satisfeitas as obrigações de natureza fiscal inerentes à transmissão, o agente de execução emitirá o título de transmissão a favor do proponente ou preferente, adjudicando-lhe os bens e comunicando a venda, em seguida, ao conservador do registo predial competente, para que proceda ao respectivo registo e cancele as inscrições relativas aos direitos que tenham caducado com a mesma (artigo 900º).

Em qualquer das modalidades analisadas, o cônjuge, desde que não esteja separado judicialmente de pessoas e bens, bem como os descendentes ou ascendentes do executado, poderão exercer o direito de remição relativamente a todos os bens adjudicados ou vendidos, ou parte deles, pelo preço por que tiverem sido adjudicados ou vendidos (artigo 912º). O direito de remição é exercido pela ordem que foi indicada e, em caso de concorrência de vários descendentes ou de vários ascendentes, preferem os de grau mais próximo. Havendo igualdade de grau, abre-se licitação entre os concorrentes e prefere-se o que oferecer maior preço (artigo 915º, nº 1 e 2). A prova do casamento ou do parentesco poderá ser apresentada posteriormente, em prazo razoável (artigo 915º, nº 3).

Tratando-se de venda por propostas em carta fechada, o direito de remição poderá ser exercido até à emissão do título de transmissão dos bens para o proponente ou no prazo previsto para o exercício do direito de preferência. Nas outras modalidades de venda poderá ser efectivado até ao momento da entrega dos bens ou da assinatura do título que a documenta (artigo 913º, nº 1).

A remição prevalece sobre o direito de preferência, devendo ser feita pelo lanço mais elevado se forem vários os preferentes e tiver havido licitação entre eles (artigo 914º).

No que respeita ao depósito do preço e às consequências para a sua falta, aplicam-se ao remidor que exerça o seu direito no acto de abertura e aceitação das propostas em carta fechada, as disposições legais previstas para os proponentes, com a ressalva de que, sendo o direito de remição exercido depois desse momento, no caso de o proponente já ter efectuado o respectivo depósito, o preço a depositar pelo remidor será

AS FUNÇÕES DO AGENTE DE EXECUÇÃO

acrescido de 5%, que reverterá para o proponente a título de indemnização (artigo 913º, nº 2).

Finalmente, no que concerne aos actos de adjudicação e registo decorrentes do exercício do direito de remição, proceder-se-á do mesmo modo que o previsto para o proponente ou o preferente, aplicando-se o disposto no artigo 900º.

7. A Precipuidade das Custas
Nos casos em que os pagamentos sejam efectuados pelo produto de bens penhorados, o agente de execução deverá ter em consideração o princípio da precipuidade das custas, com a abrangência fixada no artigo 455º, na redacção que lhe foi dada pelo Decreto-Lei nº 34/2008, de 26 de Fevereiro, pagando, em primeiro lugar, as custas da execução, incluindo os honorários e despesas suportadas pelo agente de execução, apensos e respectiva acção declarativa.

8. A Limitação Dos Pagamentos Aos Credores Privilegiados
Com a reforma de 2003, institui-se uma forte limitação no que concerne aos pagamentos a efectuar aos credores titulares de privilégio creditório geral, mobiliário ou imobiliário.

Desde logo, ao estabelecer no artigo 865º, nº 4, que, com a ressalva dos privilégios creditórios dos trabalhadores[261], não é permitida a reclamação de créditos quando a penhora tenha incidido sobre bem só parcialmente penhorável, nos termos do artigo 824º, renda, ou outro rendimento periódico, ou veículo automóvel[262] (alínea a)) ou ainda, sendo o crédito do exe-

---

[261] Nos termos do artigo 333º, do Código do Trabalho (aprovado pela Lei nº 7/2009, de 12 de Fevereiro), os créditos emergentes do contrato de trabalho e da sua violação ou cessação, constituem privilégios creditórios mobiliário geral e imobiliário especial, este apenas no que respeita ao imóvel do empregador no qual o trabalhador presta a sua actividade. Neste particular importa ainda ter presente que se os créditos dos trabalhadores tiverem sido pagos pelo Fundo de Garantia Salarial, este organismo fica sub-rogado nos direitos de crédito e respectivas garantias (artigo 322º, da Lei nº 35/2004, de 29 de Julho, que se manterá em vigou até que esta matéria seja novamente regulamentada, nos termos do artigo 12º, nº 6, da parte preambular da Lei nº 7/2009, de 12 de Fevereiro).

[262] Relativamente à penhora do veículo automóvel, convém não esquecer o privilégio creditório mobiliário especial que resulta do disposto no artigo 25º, nº 5, do Decreto-Lei

quente inferior a 190 UC, a penhora tenha recaído sobre moeda corrente (nacional ou estrangeira) ou depósito bancário em dinheiro (alínea b)) e, finalmente, ainda no caso de o crédito exequendo ser inferior a 190 UC, o exequente, antes de convocados os credores, tenha requerido procedentemente a consignação de rendimentos, ou a adjudicação, em dação em cumprimento, do direito de crédito em que tenha incidido a penhora.

Depois, mantendo a ressalva dos privilégios creditórios dos trabalhadores, ao impor no artigo 873º, nº 3, a redução do seu pagamento até 50% do remanescente do produto da venda, deduzidas as custas da execução e as quantias a pagar aos credores graduados antes do exequente, na medida do necessário, para que este receba pelo menos 50% do seu crédito, com um limite de 250 UC.

Considerando que esta última norma poderá suscitar algumas dificuldades de interpretação, será a mesma objecto de uma análise mais pormenorizada.

Assim, em nossa opinião, depois de retirada a importância necessária para o pagamento das custas, o agente de execução deverá proceder ao pagamento dos credores privilegiados mobiliários ou imobiliários especiais e dos credores que tenham sido graduados antes dos credores privilegiados mobiliários ou imobiliários gerais, sem qualquer preocupação adicional que não seja a de atender à ordem da respectiva graduação e ao valor dos seus créditos.

Quando chegar ao momento de pagar aos credores privilegiados mobiliários ou imobiliários gerais, o agente de execução deverá dividir a quantia sobrante em duas partes iguais, atribuindo uma delas ao exequente, a não ser que o seu valor seja superior a 250 UC, caso em que o crédito a receber pelo mesmo ficará reduzido a esta última quantia, revertendo o "remanescente" para o credor privilegiado.

Finalmente, ainda que de forma abreviada, importa referir que os privilégios creditórios mobiliários são gerais no caso de abrangerem o valor de todos os bens móveis existentes no património do devedor à data da penhora ou acto equivalente e são especiais se compreenderem apenas o valor de determinados bens móveis. Os privilégios imobiliários previstos no Código Civil são sempre especiais por força do estatuído no artigo

---

nº 143/78, de 12 de Junho, no que respeita aos impostos, multas e reembolsos decorrentes da falta de pagamento do imposto sobre veículos.

AS FUNÇÕES DO AGENTE DE EXECUÇÃO

735º, nº 3 e os privilégios creditórios mobiliários gerais encontram-se elencados nos artigos 736º e 737º.

Fora do Código Civil, estão previstos em legislação avulsa muitos outros privilégios creditórios mobiliários e imobiliários gerais[263], relevando especialmente, atendendo à frequência da sua reclamação, os estabelecidos nas leis da segurança social (Decreto-Lei nº 103/80, de 9 de Maio) e do fisco, mencionando-se neste caso, e a título de exemplo, o IVA (Decreto-Lei nº 394-B/84, de 26 de Dezembro), o IRC (Decreto-Lei nº 442-B/88, de 30 de Novembro), o IRS (Decreto-Lei nº 442-A/88, de 30 de Novembro) e o IS (Lei nº 150/99, de 11 de Setembro).

9. O Pagamento Voluntário

O executado ou qualquer outra pessoa poderá fazer cessar a execução pagando a dívida e as custas, mediante entrega directa da quantia necessária ao agente de execução ou efectuando depósito à ordem do mesmo em instituição de crédito (artigo 916º, n.ºs 1 e 2).

Sendo apresentado documento de quitação, perdão ou renúncia emitido pelo exequente ou qualquer outro título extintivo (p. ex. a novação da dívida[264]), suspende-se logo a execução e liquida-se a responsabilidade do executado (artigo 916º, nº 5).

No caso de o requerimento ser apresentado antes da venda ou adjudicação, procede-se apenas à liquidação das custas e do que faltar para pagamento do crédito exequendo (artigo 917º, nº 1).

Se já terem sido vendidos ou adjudicados bens, a referida liquidação tem de abranger também os créditos reclamados para serem pagos pelo produto desses bens nos termos fixados na sentença de graduação e até onde o produto obtido chegar, salvo se for exibido título extintivo de algum deles, o qual não será considerado (artigo 917º, nº 2).

Efectuada a liquidação, que compreende sempre as custas devidas pelos levantamentos a fazer pelos titulares dos créditos liquidados, deverá o requerente proceder ao depósito do saldo apurado, sob pena de ser condenado nas custas a que deu causa e a execução prosseguir, não podendo

---

[263] Pelas razões já salientadas, para a análise que agora efectuamos, não tem interesse referir os que têm natureza especial.

[264] Actualmente muito frequente nos contratos bancários, em que exequente e executado procedem à reestruturação da dívida, celebrando um novo contrato de crédito.

voltar a suspender-se sem prévio depósito da quantia já liquidada (artigo 917º, n.ºˢ 3 e 4).

10. A Extinção Da Execução

Para além do pagamento voluntário ou coercivo nas circunstâncias anteriormente analisadas (artigo 919º, nº 1, alíneas a) e b)), a execução extingue-se no caso de não terem sido encontrados bens (artigos 832º, nº 3 e 833º-B, nº 6)[265], pela inutilidade superveniente da lide na adjudicação *pró solvendo* se o requerente o pretender e os restantes credores não se opuserem (artigo 875º, nº 5) ou quando ocorra outra causa de extinção da execução, aqui se considerando a desistência do exequente (artigo 918º)[266], a rejeição oficiosa até ao primeiro acto de transmissão dos bens penhorados[267] (artigo 820º), a procedência do recurso interposto da sentença exequenda (artigo 47º, nº 2) ou da oposição à execução (artigo 817º, nº 4).

A extinção da execução é notificada ao exequente, executado e credores reclamantes e comunicada electronicamente ao tribunal, arquivando-se automaticamente o processo sem necessidade de intervenção judicial ou da secretaria (artigo 919º, n.ºˢ 2 e 3).

Nos casos em que a execução tenha sido extinta apenas com pagamento parcial da quantia exequenda ou por não terem sido encontrados bens, depois de ter terminado o prazo para a reclamação da decisão de extinção inicia-se automaticamente o procedimento de inclusão do executado na lista pública de execuções (artigos 16º-A, do Decreto-Lei nº 201/2003, de 10 de Setembro, na redacção que lhe foi dada pelo Decreto-

---

[265] No caso de não terem sido encontrados bens, a jurisprudência tem vindo a considerar a possibilidade de a extinção da execução também poder ocorrer, a requerimento do exequente, por inutilidade superveniente da lide (Cfr. a título de exemplo, o acórdão do Supremo Tribunal de Justiça de 17/06/2010 (Azevedo Ramos), disponível na base de dados do ITIJ).

[266] Estando pendente a oposição à execução, a desistência da instância só poderá ter lugar com a aceitação do opoente (artigo 918º, nº 2).

[267] Se o pagamento do crédito exequendo for satisfeito pela penhora de valores depositados à ordem do agente de execução, não havendo, por isso, um acto simbólico de "transmissão" de bens, afigura-se-nos que a rejeição oficiosa da execução nos termos do artigo 820º poderá ser feita até ao momento em que o agente de execução efectuar a transferência para o exequente as importâncias liquidadas.

-Lei nº 226/2008, de 20 de Novembro, 1º e 2º, da Portaria nº 313/2009, de 30 de Março).

Para tanto, o agente de execução deverá proceder à notificação do executado e do seu mandatário judicial se o tiver constituído[268] de que dispõe de um prazo de 30 dias para pagar a quantia em dívida ou para aderir a um plano de pagamento de dívida elaborado com o auxílio de uma entidade reconhecida pelo Ministério da Justiça, com a cominação de que, nada fazendo, será incluído na lista pública de execuções.

Após o decurso deste último prazo, se o executado não pagar a dívida nem aderir ao mencionado plano de pagamento, o agente de execução procede à sua inclusão na lista pública de execuções com inserção dos dados previstos no artigo 5º da referida Portaria.

O registo na lista pública de execuções será suspenso no caso de o executado aderir ao plano de pagamento da dívida, procedendo-se à sua reinclusão em caso de incumprimento do plano estabelecido. O cumprimento da obrigação determina a exclusão do executado da mencionada lista.

O executado poderá requerer a alteração ou a rectificação dos dados que lhe respeitem, inscritos na lista pública de execuções, por via electrónica em formulário próprio disponibilizado no sítio da Internet http://www.tribunaisnet.mj.pt[269], em suporte de papel por remessa do correio, envio através de telecópia ou entrega na secretaria judicial do tribunal onde tramitou o processo executivo. Esse requerimento também poderá ser formulado por mandatário judicial através do sistema electrónico CITIUS.

A requerida alteração ou rectificação de dados tem natureza urgente e deverá ser efectuada pela secretaria no prazo de dois dias úteis, sob pena de os dados do requerente serem automática e electronicamente retirados até que haja decisão (artigos 16º-B, do Decreto-Lei nº 201/2003, de 10 de Setembro, com as aludidas alterações, e 10º, da Portaria nº 313/2009, de 30 de Março).

Os registos constantes da lista pública de execuções referentes a processos executivos findos há mais de cinco anos são oficiosamente retirados (artigo 16º-C, do Decreto-Lei nº 201/2003, de 10 de Setembro).

---

[268] O texto da notificação a remeter ao executado e ao seu mandatário é o que consta do anexo à Portaria nº 313/2009, de 30 de Março

[269] Neste caso mediante autenticação electrónica ou aposição de uma assinatura electrónica constante do Cartão de Cidadão.

11. A Renovação da Execução Extinta

Depois de extinta, a instância executiva poderá ser renovada, a requerimento do exequente, no caso de se tratar de título com trato sucessivo, com vista ao pagamento das prestações que se vençam posteriormente. Este caso apenas poderá ocorrer desde que a obrigação de pagamento da totalidade das prestações, incluindo as vincendas, esteja prevista no título executivo.

A renovação da instância poderá igualmente ser requerida pelo credor cujo crédito esteja vencido[270] e o haja atempadamente reclamado para ser pago pelo produto dos bens penhorados que não chegaram a ser vendidos ou adjudicados, podendo fazê-lo no prazo de 10 dias contados da extinção da execução. Neste caso, a execução prossegue apenas quanto aos bens sobre que incida a garantia real invocada pelo requerente, não sendo repetidas as citações e aproveitando-se todo o processado anteriormente efectuado relativamente aos bens em que prossegue a execução.

A possibilidade da referida renovação da instância impõe que, tendo sido reclamados créditos, a penhora se mantenha até que se mostre esgotado o prazo previsto para o credor reclamante requerer o prosseguimento da execução, só depois se devendo proceder ao respectivo cancelamento e levantamento.

Após as alterações de 2008, foi incluída no artigo 920º, uma terceira possibilidade de renovação da instância[271] destinada a permitir o prosseguimento das execuções que tenham sido extintas por não terem sido encontrados bens, nos termos dos artigos 832º, nº 3 e 833º-B, nº 6, devendo para o efeito o exequente indicar bens penhoráveis.

---

[270] Para o referido efeito, importa ter presente que a renovação da instância só poderá ser requerida pelo credor cujo crédito esteja vencido, circunstância que não é exigível para a reclamação do crédito (artigo 865º, nº 7). A mesma exigência de vencimento do crédito verifica-se no caso de algum credor pretender o prosseguimento da execução sustada em consequência do pedido de suspensão destinado a permitir o pagamento da dívida exequenda em prestações (artigo 885º, nº 1).

[271] Existem outras causas que impõem a renovação da instância executiva extinta para além das previstas no artigo 920º, nomeadamente as referidas por José Lebre de Freitas, *A Acção Executiva Depois da Reforma da Reforma*, cit. pp. 358-362.

Capítulo VIII
Outras Formas de Execução

1. A Execução para Entrega de Coisa Certa

Na execução para entrega de coisa certa, não existindo fundamento para a recusa do requerimento executivo (artigo 811º) ou a obrigatoriedade de remessa do processo para despacho liminar (artigo 812º-D), o agente de execução deverá proceder à citação do executado para, no prazo de 20 dias, fazer a entrega ou opor-se à execução (artigo 928º).

O executado poderá deduzir oposição nos termos gerais previstos nos artigos 814º, 815º e 816º, na parte que for aplicável, podendo ainda invocar o direito a benfeitorias que haja realizado.

Para a efectivação da entrega, aplicam-se subsidiariamente as disposições referentes à realização da penhora, procedendo-se às buscas e outras diligências que se mostrarem necessárias, caso o executado não proceda à entrega voluntariamente (artigo 930º, nº 1).

No caso de a entrega ter por objecto coisas móveis a determinar por conta, peso ou medida, as respectivas operações serão efectuadas perante o agente de execução, o qual procederá à entrega ao exequente da quantidade devida.

Tratando-se de imóveis, o agente de execução investe o exequente na posse, entregando-lhe os documentos e as chaves, se os houver, após o que deverá notificar o executado, os arrendatários e quaisquer detentores para que respeitem e reconheçam o direito do exequente.

Se a coisa a entregar pertencer em compropriedade a outros interessados, o exequente deverá ser investido apenas na posse da sua quota-parte.

AS FUNÇÕES DO AGENTE DE EXECUÇÃO

No caso de a coisa a entregar não ter sido encontrada, o exequente pode, no mesmo processo, fazer liquidar o seu valor e o prejuízo resultante da falta de entrega, aplicando-se o disposto nos artigos 378º, 380º e 805º. Feita a liquidação, procede-se à penhora dos bens necessários para o pagamento da quantia apurada, seguindo-se os demais termos do processo de execução para pagamento de quantia certa.

No que respeita à entrega de imóvel destinado a habitação, existem duas circunstâncias com especial relevância na tramitação da acção executiva.

A primeira delas está relacionada com o facto de se tratar da habitação principal do executado (artigo 930º, nº 6), devendo o agente de execução suspender o acto de entrega quando se demonstre, através de atestado médico, que a realização da diligência põe em risco a vida de pessoa que se encontre no local.

Neste caso, o agente de execução deverá lavrar certidão da ocorrência à qual juntará os documentos exibidos, advertindo o detentor, ou a pessoa que se encontre no local, de que a execução prossegue, salvo se, no prazo de 10 dias, solicitar ao juiz a confirmação da suspensão, juntando ao requerimento os documentos disponíveis, dando do facto imediato conhecimento ao exequente ou ao seu representante.

Em seguida, tendo sido requerida a confirmação da suspensão, o juiz de execução, ouvido o exequente, decidirá pela manutenção da suspensão ou ordenará o imediato prosseguimento dos autos.

O exequente poderá ainda requerer, à sua custa, o exame do doente por dois médicos nomeados pelo juiz, decidindo este da suspensão segundo a equidade.

A segunda das referidas circunstâncias, refere-se à execução para entrega de coisa imóvel arrendada, fundada em título executivo extrajudicial, a qual, para além da suspensão nos termos supra referidos, poderá ainda ser suspensa se for deduzida oposição por parte do executado.

Para além da aludida suspensão, o executado poderá ainda, no prazo previsto para a oposição à execução, requerer o diferimento da desocupação, por razões sociais imperiosas, alegando algum dos fundamentos previstos no artigo 930º-C, nº 2, devendo logo oferecer as provas disponíveis e indicar as testemunhas a apresentar, até ao limite de três.

O pedido deverá ser decidido pelo juiz no prazo máximo de 30 dias e o diferimento não poderá exceder o prazo de 10 meses a contar da data do trânsito em julgado da decisão que o conceder, competindo ao Fundo de Socorro Social do Instituto de Gestão Financeira da Segurança Social o pagamento ao exequente das rendas não pagas, acrescidas de juros de mora, no caso de o diferimento ter sido concedido com fundamento na resolução do contrato por falta de pagamento de rendas por carência de meios do executado.

2. A Execução para Prestação de Facto

No que respeita à execução para prestação de facto, para além das circunstâncias relacionadas com a recusa do requerimento executivo (artigo 811º) ou da remessa do processo para despacho liminar (artigo 812º), o agente de execução deverá desde logo averiguar se o prazo para o cumprimento da obrigação foi previamente determinado ou se ainda carece de fixação, sendo que neste último caso a tramitação do processo inicia--se com a realização das diligências necessárias para o efeito.

Estando o prazo fixado no título executivo, o agente de execução deverá proceder à citação do executado para, em 20 dias, deduzir oposição à execução, podendo o fundamento da oposição consistir, ainda que a execução seja baseada em sentença, no cumprimento posterior da obrigação, provado por qualquer meio (artigo 933º, nº 2).

A dedução de oposição só suspende a execução se for prestada caução ou ainda, fundando-se a execução em documento particular, se o executado tiver impugnado a assinatura que lhe é atribuída e apresentar documento que constitua princípio de prova, caso em que o juiz, ouvido o exequente, decidirá se a suspensão se justifica (artigo 933º, nº 3).

Nos casos em que a obrigação consista na prestação de um facto fungível[272], o exequente poderá requerer que o facto seja prestado por terceiro à custa do executado, bem como a indemnização moratória a que tenha direito ou a indemnização do dano sofrido com a não realização da prestação. Tratando-se de obrigação infungível, o exequente poderá ainda pedir o pagamento da quantia devida a título de sanção pecuniária compulsória que tiver sido fixada na sentença ou requerer a sua fixação

---

[272] O facto será fungível quando não esteja relacionado com características ou faculdades que apenas se verificam na pessoa do devedor, podendo a obrigação ser prestada por um terceiro à custa daquele.

no próprio processo executivo (artigo 933º nº 1, conjugado com o artigo 829º-A, nº 1, do Código Civil).

Terminado o prazo para a dedução da oposição ou sendo esta julgada improcedente nos casos em que a execução tenha sido suspensa, se o exequente pretender a indemnização pelo dano sofrido procede-se à liquidação nos termos previstos nos artigos 378º, 380º e 805º (artigo 934º).

Se o exequente optar pela prestação do facto por outrem, requererá a nomeação de perito que avalie o custo da prestação, após o que se procederá à penhora dos bens necessários para o pagamento da quantia apurada, seguindo-se depois os demais termos do processo de execução para pagamento de quantia certa (artigo 935º, n.ºs 1 e 2).

O exequente poderá fazer ou mandar fazer sob a sua direcção e vigilância, as obras e trabalhos necessários para a prestação do facto, mesmo antes de terminada a referida avaliação, ficando obrigado a prestar contas ao agente de execução.

A nosso ver, a formulação dos artigos 936º, nº 1 e 937, nº 1, não está isenta de reparos, na medida em que a sua interpretação literal sugere que a competência para a aprovação das contas pertence ao agente de execução, mesmo no caso de serem contestadas, quando na realidade, revestindo natureza jurisdicional, a referida aprovação só poderá ser efectuada pelo juiz[273].

Estamos em crer que a alusão ao agente de execução efectuada no artigo 936º, nº 1, só poderá reportar-se ao acto material relacionado com a demonstração do custo da prestação, apresentada em forma de conta-corrente e acompanhada dos documentos justificativos (artigo 1016º, n.ºs 1 e 2), podendo o executado contestar as contas dentro do prazo de 30 dias (artigo 1018º, nº 1). Havendo contestação, o processo de prestação de contas seguirá por apenso à execução, aplicando-se por analogia o disposto no artigo 1019º, competindo ao juiz a decisão de aprovação ou de rejeição das contas apresentadas.

---

[273] Aludindo ao disposto no artigo 937º, nº 1, refere José Lebre de Freitas (*A Acção Executiva Depois da Reforma da Reforma*, cit. p. 391), que *apesar da redacção do preceito, este não pode excluir a intervenção judicial quando as contas incluam montantes indemnizatórios*, salientando ainda em nota de rodapé (27-A) que *este nítido poder jurisdicional seria ainda mais incompreensível nos casos em que o executado fosse revel, casos esses em que a este de pouco vale o direito de "impugnação da decisão" do agente de execução junto do juiz (artigo 809º, nº 1)*.

Se tiver sido pedida a indemnização moratória, a liquidação desta tem lugar juntamente com a prestação de contas (artigo 936º, n.ºs 1 e 2). Aprovadas as contas, o crédito do exequente é pago pelo produto da execução (artigo 937º).

Esgotado o património do executado sem ter sido obtida a quantia necessária, o exequente tem a faculdade de desistir da prestação do facto se esta ainda não tiver sido iniciada e requerer o levantamento da quantia obtida (artigo 938º).

Nas execuções em que o prazo para a prestação do facto não esteja determinado no título executivo, o exequente deverá indicar no requerimento executivo o prazo que reputa suficiente e requerer que, citado executado para, em 20 dias, dizer o que se lhe oferecer, o prazo seja fixado judicialmente (artigo 939º, nº 1). Se o exequente não tiver indicado o prazo nos termos referidos, o agente de execução deverá recusar o requerimento executivo com fundamento na manifesta insuficiência do título executivo (artigo 811º, nº 1, alínea b)).

Citado o executado, se este tiver fundamento para se opor à execução deverá desde logo deduzir a respectiva oposição e no âmbito desta dizer o que se lhe oferecer sobre o prazo (artigo 939º, nº 2).

Se o facto não for prestado dentro do prazo fixado pelo juiz, observar-se-á a tramitação prevista para as execuções com prazo previamente fixado nos termos supra referidos, substituindo-se a citação por notificação e o executado apenas poderá deduzir oposição nos 20 dias subsequentes, com fundamento na ilegalidade do pedido da prestação por outrem ou em qualquer facto ocorrido posteriormente à citação e que, face às regras gerais, seja motivo legítimo de oposição (artigo 940º, nº 2).

CONCLUSÕES

A figura de Agente de Execução introduzida no ordenamento jurídico português com a reforma da acção executiva publicada pelo Decreto-Lei nº 38/2003, de 8 de Março, atribuiu a competência para a realização de diligências de execução a um grupo profissional designado por Solicitador de Execução, externo aos tribunais, sem qualquer vínculo ao Ministério da Justiça e com retribuição do seu trabalho apenas a cargo das próprias partes.

A referida reforma, justificada pelo aumento exponencial das acções executivas verificado a partir do início da década de noventa do século passado, com a consequente dificuldade de resposta por parte dos tribunais baseada em modelo exclusivamente público, encontrou significativas dificuldades de implementação, essencialmente derivadas da demora na instalação dos Juízos de Execução, da inexistência de depósitos públicos, da escassez de quadros e de meios, da falta de formação dos diversos intervenientes e da deficiente interiorização do novo paradigma.

Na primeira fase da reforma que decorreu até 30 de Março de 2009, podia sustentar-se que a relação estabelecida entre o exequente e o solicitador de execução não seria enquadrável no regime da prestação de serviços de direito privado, pelo facto de o primeiro não poder substituir livremente o segundo e de este se encontrar na dependência funcional do juiz, o qual dispunha ainda do poder geral de controlo do processo e da possibilidade de destituição do agente de execução com fundamento em actuação processual dolosa ou negligente ou em violação grave dos deveres estatutários.

AS FUNÇÕES DO AGENTE DE EXECUÇÃO

Nos processos instaurados durante o referido período, dos quais uma elevada percentagem ainda se manterá pendente durante muito tempo, o poder geral de controlo não deverá significar a existência de um qualquer poder de direcção, mas antes que a atribuição ao solicitador de execução da competência para a prática das diligências de execução não obsta a que o juiz possa interferir nos actos praticados por aquele, quando contendam com os direitos fundamentais de alguma das partes ou não se adeqúem com a legalidade estabelecida.

Com as alterações publicadas pelo Decreto-Lei nº 226/2008, de 20 de Novembro, acentuou-se a desjurisdicionalização da acção executiva, tendo o agente de execução deixado de estar na dependência funcional do juiz, o qual passou a intervir apenas nos casos expressamente previstos, sendo-lhe ainda retirado o poder geral de controlo do processo e a exclusividade para a destituição fundamentada daquele, circunstâncias que impõem a conclusão de que a condução do processo executivo pertence ao agente de execução.

Em consequência destas últimas alterações, perdendo o agente de execução a sua ligação ao tribunal e permitindo-se que possa ser livremente substituído pelo exequente, colocando-se aquele na exclusiva dependência deste, poder-se-á enquadrar a respectiva relação no contrato de prestação de serviços de direito privado, pelo menos nas acções executivas em que o agente de execução aparece no processo por designação do exequente.

O acentuar da desjurisdicionalização e o consequente reforço dos poderes do agente de execução, não poderão significar uma invasão das áreas constitucionalmente reservadas ao juiz apesar de a interpretação literal de algumas formulações o indiciar, devendo entender-se que as competências atribuídas àquele não abrangem qualquer matéria que envolva um juízo de natureza jurisdicional.

Poder-se-á ainda concluir que ao colocar-se o agente de execução na total dependência do exequente e não se tendo atendido ao significativo alargamento dos documentos com força executiva verificado com a reforma do processo civil de 1995/96 e ao expressivo aumento do valor da alçada da Relação ocorrido a partir de 1 de Janeiro de 2008, a acção executiva ficou significativamente desequilibrada.

Ao produzir as supramencionadas alterações, o legislador não deveria ter dissociado o modelo da acção executiva do prévio controlo da validade ou da suficiência do título executivo. Tendo optado por atribuir a competência para a prática das diligências de execução a entidades externas ao tribunal, a fim de obstar a algumas dúvidas quanto a eventuais inconstitucionalidades, limitando ao mínimo a possibilidade das chamadas execuções injustas, deveria ter previsto o prévio controlo judicial e/ou a citação prévia do executado nas execuções baseadas em títulos executivos diferentes dos judiciais ou de formação judicial.

Para atenuar os efeitos negativos a que as alterações de 2008 poderão conduzir, afigura-se-nos necessária uma nova intervenção legislativa, estabelecendo-se a obrigatoriedade da remessa do processo para despacho liminar e/ou a citação prévia do executado, designadamente nas acções executivas fundadas em documentos particulares, com a finalidade de assegurar o controlo inicial das condições de exequibilidade do documento que suporta a execução e, ao mesmo tempo, limitar os prejuízos que o prosseguimento da execução poderá causar no património e no plano pessoal do executado, na certeza de que muitos desses prejuízos, principalmente os de índole pessoal, poderão ser de difícil reparação ou mesmo irreversíveis, ainda que a oposição à execução venha a proceder.

Bibliografia

ALEMÃO, Ivan
- *Reforma da Execução em Portugal – Desjudicilização ou Privatização?*, http://ww1.anamatra.org.br/sites/1200/1223/00000355.doc.

ANDRADE, José Carlos Vieira de
- *Os Direitos Fundamentais na Constituição Portuguesa de 1976*, Almedina, Coimbra, 1987.

ANDRADE, Manuel A. Domingues de
- *Noções Elementares de Processo Civil*, Coimbra Editora, 1976.

BARROCAS, Manuel Pereira
- *Manual de Arbitragem*, Almedina Coimbra, 2010.

BRITO, José Alves de
- *Inovações Introduzidas ao Estatuto do agente de execução pelo DL nº 226/2008, de 20/11 (simplificação da acção executiva)*, http://www.dgpj.mj.pt/sections/politica-legislativa/anexos/legislacao-da-justica/anexos/317/downloadFile/file/317.pdf?nocache=1254844129.57.

CAMPOS, Isabel Meneres
- *As questões não resolvidas da reforma da acção executiva*, Sub Judice nº 29, Outubro/ /Dezembro 2004, pp. 59-68.

CANOTILHO, J.J. Gomes/ MOREIRA, Vital
- *Fundamentos da Constituição*, Coimbra Editora, 1991.

CAPELO, Maria José
- *Pressupostos Processuais Gerais na Acção Executiva – A Legitimidade e as Regras de Penhorabilidade*, Revista Themis, Ano IV, nº 7, A Reforma da Acção Executiva, Almedina, Coimbra, 2003, pp. 79-104.

CASTRO, Artur Anselmo de
- *A Acção Executiva Singular Comum e Especial*, Coimbra Editora, 1970.

CORDEIRO, Catarina Pires
- *A responsabilidade do exequente na nova acção executiva: sentido, fundamento e limites*, Cadernos de Direito Privado, nº 10, Abril/ Junho 2005, pp. 13-29.

CORREIA, A. Ferrer
- *Lições de Direito Comercial*, Reprint, Lex, 1994.

COSTA, Salvador da
- *A injunção e as conexas acção e execução*, Coimbra Editora, 2001.

DUARTE, Rui Pinto
- *A penhora e a venda executiva do estabelecimento comercial*, Revista Themis, Ano V, nº 9, A Reforma da Acção Executiva, Volume II, Almedina, Coimbra, 2004, pp. 123-135.

FERNANDEZ, Elizabeth
- *A nova tramitação inicial da acção executiva para pagamento de quantia certa e as alterações do regime contido no artigo 825º do Código de Processo Civil (breves notas)*, Estudos em Comemoração do 10º Aniversário da Licenciatura em Direito da Universidade do Minho, Almedina, Coimbra, 2004, pp. 599-612;

- *A (pretensa) reforma da acção executiva*, Cadernos de Direito Privado, nº 26, Abril/Junho 2009, pp. 18-34.

FERREIRA, Fernando Amâncio
- *Curso de Processo de Execução*, 11ª edição, Almedina, Coimbra, 2009.

FIALHO, António José
- *Da teoria à prática – Algumas dificuldades na aplicação do novo regime da acção executiva*, Sub Judice, nº 29, Outubro/Dezembro 2004, pp. 69-79.

FREITAS, José Lebre de
- *A Acção Executiva*, Coimbra Editora, 1993;
- *A Acção Executiva Depois da Reforma da Reforma*, 5ª edição, Coimbra Editora, 2009;
- *Agente de Execução e Poder Jurisdicional*, Revista Themis, Ano IV, nº 7, A Reforma da Acção Executiva, Almedina, Coimbra, 2003, pp. 19-34;
- *Penhora e Oposição do Executado*, Revista Themis, Ano V, nº 9, A Reforma da Acção Executiva, Volume II, Almedina, Coimbra, 2004, pp. 11-24;
- *Estudos sobre Direito Civil e Processual Civil*, Coimbra Editora, 2002;
- *Apreciação do Projecto de Reforma da Reforma da Acção Executiva*, Estudos sobre Direito Civil e Processual Civil, Volume II, 2ª edição, Coimbra Editora, 2009, pp. 773-803;
- *O primeiro ano de uma reforma executiva adiada*, Sub Judice nº 29, Outubro/Dezembro 2004, pp. 7-10.

FREITAS, José Lebre/MENDES, Armindo Ribeiro
- *Código de Processo Civil Anotado*, Volume 3º, Coimbra Editora, 2003.

FURTADO, Jorge Henrique da Cruz Pinto
- *Títulos de Crédito, Letra – Livrança – Cheque*, Almedina, Coimbra, 2000;
- *Manual de Arrendamento Urbano*, 4ª edição, Almedina, Coimbra, 2007.

GARCIA, Maria Olinda
- *A responsabilidade do Exequente e de Outros Intervenientes Processuais – Breves Considerações*, Coimbra Editora, 2004;

- *A Acção Executiva para Entrega de Imóvel Arrendado*, Coimbra Editora, 2006;
- *A Nova Disciplina do Arrendamento Urbano, NRAU anotado*, Coimbra Editora, 2006.

GEMAS, Laurinda/PEDROSO, Albertina/JORGE, João Caldeira
- *Arrendamento Urbano, Novo Regime Anotado e Legislação Complementar*, 2ª edição, Quid Iuris, Lisboa, 2007.

GERALDES, António Santos Abrantes
- *Temas da Reforma do Processo Civil*, I Volume, 2ª edição, Almedina, Coimbra, 1998.
- *Títulos Executivos*, Revista Themis, Ano IV, nº 7, A Reforma da Acção Executiva, Almedina, Coimbra, 2003, pp. 35-66;
- *O Juiz e a Execução*, Revista Themis, Ano V, nº 9, A Reforma da Acção Executiva, Volume II, Almedina, Coimbra, 2004, pp. 25-42.

GOMES, Manuel Januário da Costa
- *Penhora e Direitos de Crédito, Breves Notas*, Revista Themis, Ano IV, nº 7, A Reforma da Acção Executiva, Almedina, Coimbra, 2003, pp. 105-132.

GOMES, Manuel Tomé Soares
- *Pressupostos Processuais Específicos da Acção Executiva*, edição policopiada do Centro de Estudos Judiciários, Maio de 2004;
- *Balanço da reforma da acção executiva*, Sub Judice nº 29, Outubro/Dezembro 2004, pp. 27-32;
- *A Penhora na Execução Cível*, edição policopiada do Centro de Estudos Judiciários, Maio de 2007;
- *Notas Sobre A Penhora*, edição policopiada do Centro de Estudos Judiciários, Junho de 2007;
- *Da fase introdutória do processo executivo civil (segundo as alterações introduzidas pelo Dec.-Lei nº 226/2008, de 20 de Novembro)*, Revista do CEJ, nº 12, 2º semestre 2009, pp. 119-147.

GONÇALVES, Gabriel Órfão
- *Temas da acção executiva*, Revista Themis, Ano V, nº 9, A Reforma da Acção Executiva,

Volume II, Almedina, Coimbra, 2004, pp. 263-302.

Gonçalves, Pedro
- *Entidades Privadas com Poderes Públicos, O Exercício dos Poderes Públicos de Autoridade Por Entidades Privadas com Funções Administrativas*, Almedina, Coimbra, 2005.

Gouveia, Mariana França
- *Penhora e Alienação de Bens Móveis na Reforma da Acção executiva*, Revista Themis, Ano IV, nº 7, A Reforma da Acção Executiva, Almedina, Coimbra, 2003, pp. 165-197;
- *Penhora de imóveis e registo predial na reforma da acção executiva*, Cadernos de Direito Privado, nº 4, Outubro/Dezembro 2003, pp. 26-35;
- *O executado com responsabilidade subsidiária*, Revista Themis, Ano IV, nº 9, volume II, A Reforma da Acção Executiva, Almedina, Coimbra, 2004, pp. 109-122;
- *O Poder Geral de Controlo*, Sub Judice nº 29, Outubro/Dezembro 2004, pp. 11-21;
- *A novíssima Acção Executiva – Análise das mais importantes alterações* (texto disponível em http://www.fd.unl.pt/docentes_docs/ma/MFG_MA_8053.pdf.

Jorge, Fernando Pessoa
- *Ensaio Sobre os Pressupostos da Responsabilidade Civil*, Reimpressão, Almedina, Coimbra, 1999.

Lopes-Cardoso, Eurico
- *Manual da Acção Executiva*, 3ª edição, Reimpressão, Almedina, Coimbra, 1992.

Lopes, Manuel Batista
- *A Penhora*, Almedina, Coimbra, 1968.

Lourenço, Paula Meira
- *Metodologia e Execução da Reforma da Acção Executiva*, Revista Themis, Ano IV, nº 7, A Reforma da Acção Executiva, Almedina, Coimbra, 2003, pp. 261-284.

Machado, António Montalvão/Pimenta, Paulo
- *O Novo Processo Civil*, 11ª edição, Almedina, Coimbra, 2009.

Marques, João Paulo Remédio
- *A exequibilidade do título e a exequibilidade das obrigações pecuniárias exequendas inválidas por vício de forma*, Lusíada, Revista de Ciência e Cultura, Série de Direito, 1999, n.ᵒˢ 1 e 2, pp. 131-148;
- *Falta de citação do cônjuge do executado e anulação da venda executiva em execuções fiscais*, Lusíada, Revista de Ciência e Cultura, Série de Direito, 1999, n.ᵒˢ 1 e 2, pp. 57-129;
- *Curso de Processo Executivo Comum à Face do Código Revisto*, Almedina, Coimbra, 2000;
- *A Penhora de Créditos na Reforma Processual de 2003, referência à penhora de depósitos bancários*, Revista Themis, Ano V, nº 9, A Reforma da Acção Executiva, Volume II, Almedina, Coimbra, 2004, pp. 137-205;
- *A Acção Declarativa à Luz do Código Revisto*, Coimbra Editora, 2ª edição, 2009.

Mendes, Armindo Ribeiro
- *Linhas Orientadoras e processo executivo, Sub Judice, nº 5, Janeiro/Abril 2003, pp. 27-33;*
- *Execução e Registo*, Revista Themis, Ano V, nº 9, A Reforma da Acção Executiva, Volume II, Almedina, Coimbra, 2004, pp. 207-225;
- *Forças e fraquezas do modelo português de acção executiva no limiar do século XXI – Que modelo para o futuro?*, texto disponível em http://www.stj.pt/nsrepo/cont/Coloquios/Discursos/Armindo%20Ribeiro%20Mendes.pdf.

Mendes, João de Castro
- *Direito Processual Civil, A Acção Executiva*, III Volume Revisto e Actualizado, Obras Completas, edição AAFDL, 1980.

Mesquita, Miguel
- A Apreensão de Bens em Processo Executivo e Oposição de terceiro, 2ª edição, Almedina, Coimbra, 2001.

Miranda, Jorge
- *Teoria do Estado e da Constituição*, Coimbra Editora, 2002.

Neto, Abílio
- *Código de Processo Civil Anotado*, 21ª edição, Ediforum, Lisboa, 2009.

PAIVA, Eduardo/CABRITA, Helena
- *O Processo Executivo e o Agente de Execução*, Coimbra Editora, 2009.

OLIVEIRA, Fernando Batista de
- *A Resolução do Contrato no Novo Regime do Arrendamento Urbano, Causas de Resolução e Questões Conexas (em especial a cláusula geral resolutiva do nº 2 do art. 1083º do CC)*, Almedina, Coimbra, 2007.

PEDROSO, João/ CRUZ, Cristina/ TRINCÃO Catarina/ SILVA, Francisco/MARTINHO, Paula/ /ABREU, Pedro
- *A Acção Executiva: Caracterização, Bloqueios e Propostas de Reforma*, Observatório Permanente da Justiça Portuguesa, Centro de Estudos Sociais da Faculdade de Economia da Universidade de Coimbra, Março 2001.

PEREIRA, Joel Timóteo Ramos
- *Prontuário de Formulários e Trâmites, Volume IV, Processo Executivo*, 3ª edição, Quid Juris, Lisboa, 2006;
- *A nova reforma da acção executiva, o que muda?*, Solicitare, Revista da Câmara dos Solicitadores, Setembro de 2008, pp. 17-22.

PIMENTA, Paulo
- *Acções e Incidentes Declarativos na Dependência da Execução*, Revista Themis, Ano V, nº 9, A Reforma da Acção Executiva, Volume II, Almedina, Coimbra, 2004, pp. 55-88;
- *Reflexões sobre a nova acção executiva, Sub Judice* nº 29, Outubro/Dezembro, 2004, pp. 81-96;
- *As linhas fundamentais da acção executiva*, Revista do CEJ, nº 12, 2º semestre 2009, pp. 169-182.

PINTO, Rui
- *A Acção Executiva Depois da Reforma*, Edição do Conselho Distrital de Lisboa da Ordem dos Advogados, JVS Lisboa 2004;
- *Penhora e Alienação de Outros Direitos*, Revista Themis, Ano IV, nº 7, A Reforma da Acção Executiva, Almedina, Coimbra, 2003, pp. 133-164;
- *A execução e terceiros – em especial na penhora e na venda*, Revista Themis, Ano V, nº 9, A

Reforma da Acção Executiva, Volume II, Almedina, Coimbra, 2004, pp. 227-261;
- *Notas sobre o controle liminar e citação na execução para pagamento de quantia certa após o Decreto-Lei nº 226/2008, de 20 de Novembro*, Revista do CEJ, nº 12, 2º semestre 2009, pp. 149-168.

PIRES, Miguel Lucas
- Dos Privilégios Creditórios: Regime Jurídico e sua Influência no Concurso de Credores, Almedina, Coimbra, 2004.

REGO, Carlos Lopes do
- *Breves reflexões sobre A reforma do processo executivo*, Sub Judice, nº 5, Janeiro/Abril 1993, pp. 34-38;
- *Comentários ao Código de Processo Civil*, Almedina, Coimbra, 1999;
- *Papel e Estatuto dos Intervenientes no Processo Executivo*, Lex, Lisboa, 2003, pp. 7-17;
- *Requisitos da Obrigação Exequenda*, Revista Themis, Ano IV, nº 7, A Reforma da Acção Executiva, Almedina, Coimbra, 2003, pp. 67-77;
- *Penhorabilidade de vencimentos e pensões e garantia de um mínimo de sobrevivência condigna do executado*, Sub Judice, nº 29, Outubro/Dezembro 2004, pp. 23-26;
- *As funções e o estatuto processual do agente de execução e seu reflexo no papel dos demais intervenientes no processo executivo*, Revista Themis, Ano V, nº 9, A Reforma da Acção Executiva, Volume II, Almedina, Coimbra, 2004, pp. 43-54.

REIS, José Alberto dos
- *Comentário ao Código de Processo Civil*, Coimbra Editora, 1945-1960;
- *Processo de Execução*, Coimbra Editora, 1982;
- *Código de Processo Civil Anotado*, Coimbra Editora, 1981-1987.

SAMPAIO, J. M. Gonçalves
- *A Acção Executiva e a Problemática das Execuções Injustas*, 2ª edição, Almedina, Coimbra, 2008.

SANTOS, Boaventura de Sousa/ GOMES, Conceição/ FERNANDO, Paula/SOUSA, Fátima

BIBLIOGRAFIA

de/ Trincão, Catarina/ Fernandes, Diana/ Almeida, Jorge
- *A Acção Executiva em Avaliação – Uma Proposta de Reforma*, Observatório Permanente da Justiça Portuguesa, Centro de Estudos Sociais da Faculdade de Economia da Universidade de Coimbra, Abril de 2007.

Serra, Adriano Vaz Serra
- *Realização Coactiva da Prestação*, Boletim do Ministério da Justiça, nº 73.

Silva, Paula Costa e
- A Acção Executiva Singular, Lex, Lisboa, 1998;
- *A Reforma da Acção Executiva*, Coimbra Editora, 3ª edição, 2003;
- *As Garantias do Executado*, Revista Themis, Ano IV, nº 7, A Reforma da Acção Executiva, Almedina, Coimbra, 2003, pp. 199--214;
- *O Título Executivo Europeu*, Coimbra Editora, 2005.

Sousa, Miguel Teixeira de
- *Estudos Sobre o Novo Processo Civil*, Lex, Liboa, 2006;
- *Acção Executiva Singular*, Lex, Lisboa, 1998;
- *Aspectos gerais da Reforma da acção executiva*, Cadernos de Direito Privado, nº 4, Outubro/Dezembro 2003, pp. 3-25;
- *A reforma da Acção Executiva*, Lex, Lisboa, 2004.

Varela, Antunes/Bezerra, J. Miguel/Nora, Sampaio
- *Manual de Processo Civil*, Coimbra Editora, 2ª edição, 1985.

ÍNDICE

PREFÁCIO   5
NOTA PRÉVIA   9
INTRODUÇÃO   11

CAPÍTULO I. CONSIDERAÇÕES GERAIS   13
   1. A Necessidade da Reforma da Acção Executiva   13
   2. As Propostas de Reforma   14
   3. A Reforma do Processo Civil de 1995/96   15

CAPÍTULO II. DIFICULDADES DE IMPLEMENTAÇÃO DA REFORMA
   DE 2003   19
   1. A Demora na Instalação dos Juizos de Execução   19
   2. A Escassez de Quadros e de Meios   21
   3. A Inexistência de Depósitos Públicos   21
   4. A Falta de Formação dos Intervenientes   23
   5. A Deficiente Interiorização do Novo Paradigma   25

CAPÍTULO III. OS MODELOS DE ACÇÃO EXECUTIVA   27
   1. Considerações Gerais   27
   2. O Modelo Público   28
   3. O Modelo Semi-Público   28
   4. O Modelo Privado   29
   5. O Modelo Semi-Privado   29
   6. O Modelo Adoptado pela Reforma de 2003   30

CAPÍTULO IV. A FIGURA DO AGENTE DE EXECUÇÃO   39
   1. A Habilitação para o Exercício do Cargo   39

AS FUNÇÕES DO AGENTE DE EXECUÇÃO

2. Incompatibilidades, Impedimentos e Suspeições	40
3. A Designação do Agente de Execução	42
4. A Substituição e Destituição do Agente de Execução	43
5. O Poder Geral de Controlo	45
6. A Aproximação ao Contrato de Prestação de Serviços de Direito Privado	48
7. A Relevância no Âmbito na Prescrição	54
8. A Responsabilidade pelos Actos do Agente de Execução	55
9. A Responsabilidade Civil do Agente de Execução Relativamente ao Exequente	57
10. A Possibilidade de Responsabilização pelas Custas	57

CAPÍTULO V. A FASE PRELIMINAR DO PROCESSO EXECUTIVO	61
1. Considerações Gerais	61
2. O Requerimento Executivo e a Distribuição do Processo	62
3. A Recusa do Requerimento Executivo	64
4. As Hipóteses a Seguir pelo Agente de Execução	67
4.1 A Remessa do Processo para Despacho Liminar	69
4.1.1 As Execuções Movidas Apenas Contra o Devedor Subsidiário	70
4.1.2 A Dependência de Condição Suspensiva ou de Prestação do Credor ou de Terceiro	71
4.1.3 A Acta de Reunião da Assembleia de Condóminos	73
4.1.4 Os Títulos Executivos Fundados no NRAU	75
4.1.5 A Dúvida sobre a Suficiência do Título ou da Interpelação	80
4.1.6 A Suspeita sobre a Existência de Excepções Dilatórias Insupríveis) de Conhecimento Oficioso	95
4.1.7 A Suspeita sobre a Inexistência de Factos Constitutivos ou a Existência de Factos Impeditivos ou Extintivos da Obrigação Exequenda e que sejam de Conhecimento Oficioso	110
4.1.8 As Dúvidas sobre a Sentença Arbitral	111
4.2 O Pedido de Dispensa de Citação Prévia	112
4.3 A Citação Prévia sem Necessidade de Despacho	112
4.4 A Penhora Imediata	116

CAPÍTULO VI. A FASE DA PENHORA	119
1. As Consultas e Diligências Prévias à Penhora	119
1.1 A (Des)Necessidade das Diligências Prévias	120

1.2 As Consultas sem Necessidade de Autorização 121
1.3 A Consulta de Outros Dados Sujeitos a Confidencialidade 121
2. A Opção do Exequente, Mediante Notificação para tal 121
3. O Objecto da Penhora 122
4. A Ordem pela qual os Bens Devem ser Penhorados 123
5. Os Bens Onerados com Garantia Real e os Bens Indivisos 123
6. Os Regimes de Impenhorabilidade 124
   6.1 As Impenhorabilidades Absolutas 124
   6.2 As Impenhorabilidades Relativas 126
   6.3 As Impenhorabilidades Parciais 127
7. A Materialização da Penhora 130
   7.1 A Penhora de Bens Sujeitos a Registo 130
   7.2 A Penhora de Bens Móveis não Sujeitos a Registo 132
   7.3 A Penhora de Créditos 133
   7.4 A Penhora de Títulos de Crédito 135
   7.5 A Penhora de Direitos ou Expectativas de Aquisição 135
   7.6 A Penhora de Rendas, Abonos, Vencimentos, Salários ou outros Rendimentos Periódicos 136
   7.7 A Penhora de Depósitos Bancários 138
   7.8 A Penhora de Direito a Bens Indivisos ou em Quotas de Sociedade 139
   7.9 A Penhora de Estabelecimento Comercial 139
8. O Depositário dos Bens Penhorados 140
9. A Tomada de Posse e o Auxílio da Força Pública 142
10. Os Efeitos da Penhora 142
11. A Citação do Executado, do Cônjuge e dos Credores 144

CAPÍTULO VII. A FASE DO PAGAMENTO 149
1. Considerações Gerais 149
2. A Entrega De Dinheiro 150
3. A Adjudicação 150
4. A Consignação Judicial de Rendimentos 151
5. O Pagamento em Prestações 152
6. A Venda dos Bens Penhorados 153
7. A Precipuidade das Custas 158
8. A Limitação dos Pagamentos aos Credores Privilegiados 158
9. O Pagamento Voluntário 160
10. A Extinção da Execução 161
11. A Renovação da Execução Extinta 163

CAPÍTULO VIII. OUTRAS FORMAS DE EXECUÇÃO 165
1. A Execução para Entrega de Coisa Certa 165
2. A Execução para Prestação de Facto 167

CONCLUSÕES 171

BIBLIOGRAFIA 175

ÍNDICE 181